Axel Fröhlich

Frauenkrank-
heiten

Axel Fröhlich

Frauen-krankheiten

**Links-Rechts-Schwäche
Komplimentesucht
Dekoritis
Schnippismus**

und andere chronische Leiden
unserer geliebten Damen

riva

Bibliografische Information der Deutschen Nationalbibliothek

Die Deutsche Nationalbibliothek verzeichnet diese Publikation in der Deutschen Nationalbibliografie. Detaillierte bibliografische Daten sind im Internet über http://dnb.d-nb.de abrufbar.

Für Fragen und Anregungen:

axelfroehlich@rivaverlag.de

1. Auflage 2013

© 2013 by riva Verlag, ein Imprint der Münchner Verlagsgruppe GmbH

Nymphenburger Straße 86

D-80636 München

Tel.: 089 651285-0

Fax: 089 652096

Umschlaggestaltung: Maria Wittek

Umschlagabbildung: © Getty Images/Dornig Kindersley

Satz: Carsten Klein, München

Druck: CPI – Ebner & Spiegel, Ulm

Printed in Germany

ISBN Print 978-3-86883-278-5

ISBN E-Book (PDF) 978-3-86413-300-8

Weitere Informationen zum Verlag finden Sie unter

www.rivaverlag.de

Beachten Sie auch unsere weiteren Verlage unter

www.muenchner-verlagsgruppe.de

Inhalt

Vorwort

Frauen sind die wunderbarsten Geschöpfe, die die Evolution je hervorgebracht hat und jemals hervorbringen wird.

Das Zusammenleben mit Frauen ist wunderbar, unvergleichlich, die reinste Erfüllung – und wird erst in dem Moment eine echte Herausforderung, wenn eine der zahlreichen Frauenkrankheiten akut wird: chronischer Haarschaden, Morbus Kram, Sexytanz-Diskrepanz, Bauweh, Gurkenglasschwäche, Yogurette-Syndrom … Die Liste der Leiden, von denen Frauen befallen werden können, ist lang. So lang wie die Geschichte der Menschheit – oder so lang wie das Telefongespräch mit der besten Freundin, wenn die Ex des Partners aufgetaucht ist.

Jede einzelne dieser Krankheiten kann eine ungeheure Belastung darstellen. Für die Frau selbst, für ihren Partner, ja, oft sogar für ihre gesamte Umwelt.[1]

Erstmals in der Geschichte der Medizin wurden alle diese speziellen Frauenkrankheiten in einem literarischen Standardwerk zusammengefasst. Um zu informieren, aufzuklären, und um – wo immer möglich – Hilfestellungen zu geben, den Krankheiten vorzubeugen und die Schmerzen der Frauen zu lindern. Oder die Schmerzen ihres sie liebenden Lebensgefährten.

In diesem Sinne ist dieses Buch nicht für Männer oder für Frauen, sondern speziell für alle Menschen bestimmt, die sich jetzt oder in der Zukunft in einer Partnerschaft befinden. Gegenseitiges Vorlesen einzelner oder mehrerer Artikel dieses Werkes wird ausdrücklich empfohlen und kann bereits vorbeugend wirken. Es soll Ihnen, lieber Leser, liebe Leserin, als Leitfaden dienen, um wichtige Fragen zu beantworten. Zum Beispiel:

---

[1] Siehe Nöhleritis S. 168

– Wie behandele ich einen SMS-Daumen richtig?

– Was mache ich, wenn es zu einer Schulddrüsenüberfunktion kommt?

– Wie gefährlich ist die Kuscheltierose?

– Welche Maßnahmen helfen bei auftretenden Urlaubsbeschwerden?

Dieses Buch hilft Ihnen, bei allen Frauenkrankheiten einzugreifen, bevor es zu spät ist!

Ihr
Prof. Dr. hatse. nich. Axel Fröhlich

✖ Abnormes Klaustropotenzial

In einem standardisierten Verhaltenstest der WHO (World H&M Organisation) wurde das durchschnittliche Verhalten erwachsener Menschen in extrem beengten Räumen untersucht. Die Ergebnisse zeigten, dass ein Verbleib in einem abgeschlossenen Raum, der kleiner als 6 Quadratmeter und fensterlos ist, bei allen Probanden Angstzustände sowie Kurzatmigkeit, Schweißausbrüche, Schwindelgefühl und Unwohlsein hervorriefen.
Stellte man bei der gleichen Versuchsanordnung jedoch einen Spiegel auf, spielte laute Musik, verbreitete schlechte Gerüche und machte grelles Licht an, versuchten 95 Prozent aller Männer sofort die Türen des Raumes einzutreten und sich zu befreien, während sämtliche Frauen unverzüglich den Bauch einzogen, sich auszuziehen begannen und nach anderen Kleidergrößen fragten. Mediziner bezeichnen den eher zufällig entdeckten Effekt als abnormes Klaustropotenzial.

Warnung
Nähre Untersuchungen haben gezeigt, dass starke Ausprägungen von abnormem Klaustropotenzial bei Frauen zu einer akuten → Geldinsuffizienz führen können.

✖ Actimelismus

Frauen, die Actimel in dem Glauben kaufen, das überzuckerte Yoghurtgetränk könne die Abwehrkräfte stärken und damit tatsächlich Erkältungen vorbeugen, leiden unter Actimelismus.

ADS – Aufmerksamkeitsdefizit-Störung

ADS – auch als Lass-uns-doch-mal-wieder-Komplex bekannt – zählt zu den klassischen Beziehungskrankheiten. Für ADS gilt: Je länger eine Beziehung andauert, umso wahrscheinlicher ist eine Erkrankung der Frau.

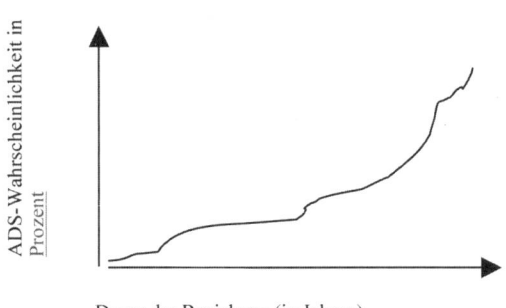

Dauer der Beziehung (in Jahren)

Häufige Symptome sind:

– Lass uns doch mal wieder ins Kino gehen.

– Lass uns doch mal wieder ins Theater gehen.

– Lass uns doch mal wieder Tom und Antje treffen.

– Lass uns doch mal wieder die Nummer mit den Handschellen machen.

Prävention / Therapie

– Mal wieder ins Kino gehen.

– Mal wieder ins Theater gehen.

– Mal wieder Tom und Antje treffen.

– Mal wieder die Nummer mit den Handschellen machen.

✖ AEGoismus

Wenn eine Frau im täglichen Leben auf ein ausgewogenes Preis-Leistungs-Verhältnis achtet, wenn sie Wert auf Nachhaltigkeit legt und ihre individuelle ökologische Verantwortung ernst nimmt, um dann eine einzige Bluse in die Waschmaschine zu stecken, die sie unbedingt heute Abend anziehen muss, so spricht die Medizin vom Phänomen des »AEGoismus«.

✖ Akt der Grausamkeit

Als Akt der Grausamkeit bezeichnet man, wenn eine Frau ungünstige Nacktbilder ihres Exfreundes im Internet postet. Die Krankheit ist auch unter dem Namen Rache-Akt bekannt. Hat der Exfreund allerdings damit angefangen, handelt es sich um einen Akt der Gerechtigkeit.

✖ Alsoadele

Alsoadele bezeichnet das pathologische Unvermögen einer Frau, Endungen von Nomen so zu belassen, wie sie sind. Die veraltete Bezeichnung für Alsoadele ist Diminutivismus. Bei einer Alsoadele-Erkrankten gehen die Verniedlichungsformen weit über ein gesundes Maß hinaus: So werden nicht nur Substantive verniedlicht (wie z. B. Häuschen für ein kleines Haus) oder daraus Kosenamen gebildet (wie Häschen / Schnäuzelchen / Zipfelchen), sondern nahezu jedes Wort mit einem vermindernder Suffix versehen. Alsoadele-Frauen werden sich ihrer Krankheit erst bewusst, wenn sie aufgrund dessen ins soziale Abseits gestellt werden und ihre Umwelt in erhöhtem Maße Abstand von ihnen nimmt.

Prävention / Therapie
Und Tschüssle!

✖ Altersschwäche

Als Altersschwäche wird der Unwille einer Frau bezeichnet, ihren eigenen Geburtstag auf einen konkreten Jahrgang festzulegen. Mit zunehmendem Fortschritt der Altersschwäche ändert sich der Unwille hin zum Unwissen.

Prävention / Therapie
Für das soziale Umfeld hat sich die Altersschwäche in jeder Form als relativ unproblematisch herausgestellt, im Gegensatz zur Alterskoketterie.[2] Eine Therapie ist nicht notwendig.

In der Vergangenheit haben Wissenschaftler versucht, die Altersschwäche mittels Schocktherapie zu heilen, indem sie der betroffenen Frau persönliche Dokumente wie Personalausweis, Führerschein oder Schülerausweis entwendeten und den wah

---

[2] Die Alterskoketterie hingegen gilt nicht als Krankheit, sondern als Straftatbestand und darf mit Augenrollen der Anwesenden nicht unter 180° geahndet werden. Kommt bei der Bestrafung ein Bestrafender zu Schaden, stehen ihm großzügige Entschädigungen aus dem Uschi-Glas-und-Hannelore-Elsner-Fonds zu.

ren Geburtstag der an Altersschwäche leidenden Frau einer breiten Öffentlichkeit enthüllten.

Wegen des unmenschlichen Schmerzes, den diese Form der Therapie verursacht, wird sie heute geächtet und ihre Anwendung strafrechtlich verfolgt.

✖ Andeutungszwang

Andeutungszwang beschreibt die Unfähigkeit einer Frau, Kritik, Einwände, Vorschläge oder Befindlichkeiten direkt, knapp und eindeutig mit einer konkreten Aussage oder Frage zu formulieren. Andeutungszwang wird mit einer Frage eingeleitet, deren Anfang meist lautet:

Findest du eigentlich...?

Glaubst du, wir...?

Im privaten Bereich kann Andeutungszwang eine Partnerschaft belasten. Denn erkrankte Frauen erhalten zwar eine Antwort auf ihre wörtliche Frage, aber selten die Antwort auf die Frage, die sie nicht gestellt, sondern nur angedeutet hatten. Die Folge: Sie reagieren verärgert. Ebenso wie der Partner, der der Ansicht ist, die Frage korrekt beantwortet zu haben.

Ein Beispiel:

»Glaubst Du eigentlich, dass noch Schokolade in der Küche ist?«

»Ja.«

Der Andeutungszwang zeigt jedoch ungleich schwerere Folgen im beruflichen Umfeld von betroffenen Frauen.

Einige Beispiele:

Die Chirurgin

»Finden Sie eigentlich auch, dass der Klang einer Herz-Lungen-Maschine jetzt wunderschön wäre?«

Die Fluglotsin

»Finden Sie auch, dass man auf Startbahn 2 viel besser landen könnte als auf Startbahn 1?«

»Glauben Sie nicht, dass es die da unten jetzt freuen würde, die Feuerwehr dabei zu haben?«

Die Ralleyfahrerin

»Finden Sie eigentlich, wir lenken zu wenig?«

»Glauben Sie auch, dass rechts manchmal gar nicht rechts heißen soll?«

✖ Angeborene Schäche
(Kurzform für Schachschwäche)

In den Top 100 der Weltrangliste des Schachsports befindet sich zum derzeitigen Zeitpunkt genau eine Frau. Unter den besten 100 deutschen Spielern ebenfalls: nur eine Frau. Dabei steht außer Zweifel, dass Frauen ebenso logisch, strategisch und vorausschauend denken können wie Männer.

Der den Frauen angeborenen Schäche geht ein zwanghafter Gedanke voraus, der jede Schachpartie für Frauen maßgeblich erschwert: »Ich ziehe lieber ... nein, jetzt ziehe ich ... ich ziehe ... Moment ... Was ziehe ich der Dame eigentlich zur Eröffnung an?«

✖ **Angela Pectoris**

Angela Pectoris bezeichnet stark herabfallende Mundwinkel, die möglicherweise auf die Bewältigung einer Krise zurückzuführen sind. Andere Verursacher stehen ebenso stark unter Verdacht:

– Manifeste Problemfrisuren[3]

– Latente Hosenanzüge

– Galoppierend schwachsinnige Kollegen

– Dumme Fragen von Journalisten

– Kluge Fragen von Journalisten

– Horst Seehofer

Prävention / Therapie
Bei der nächsten Wahl das Kreuz an der richtigen Stelle machen.

✖ **Angelina-Jealousia**

Die Angelina-Jealousia ist ein Paradoxon innerhalb der psychologischen Frauenkrankheiten. Bei der Angelina-Jealousia unterstellen Frauen ihren Männern, diese würden beim gemeinschaftlichen Sex an Angelina Jolie denken. Dieser Vorwurf ist für

---

3 Siehe auch → Chronischer Haarschaden

viele Männer verwirrend, da sie sich in diesem Fall drei Dinge gleichzeitig vorstellen müssen:

1. Angelina Jolie hätte einen normalen Mund.
2. Wo steckt Brad Pitt gerade?
3. Was, wenn aus Versehen Angela erscheint?

✖ Anmasern

Anmasern äußern sich dadurch, dass jede in einem Gespräch erwähnte Krankheit von der Erkrankten in vielfach schlimmeren Maße durchlitten wurde. Meist unterbricht die an Anmasern leidende Frau den Krankheitsbericht Dritter und reißt deren Fortsetzung an sich beziehungsweise berichtet in letaler Länge und dezidiert über ihren eigenen Krankheitsverlauf. Dieser endet zumindest mit einer Nahtoderfahrung, auch wenn es sich eigentlich nur um einen harmlosen Schnupfen handelte.

Auch Synchronerkrankungen sind bei Anmasern keine Seltenheit. Klagt eine Person etwa über Kopfschmerzen, fasst sich die Anmaserin sofort an den eigenen Kopf und entgegnet: »Ach, das bisschen Kopfweh. *Meine Migräne* bringt mich heute fast um.«[4]

Lassen Berichte über Krankheitsbefunde nicht zu, dass die Erkrankte ihre eigene leidvolle Erfahrung ins Spiel bringt – zum Beispiel aufgrund einer erwähnten Prostata- oder Hodenerkrankung – so führt sie einen ihrer Freunde oder Verwandten

---

4 »Schön wär´s ...«, ist dabei ein Wunsch, der selbst gläubige Katholiken nicht in den Beichtstuhl zwingt.

ins Feld. Mit Sicherheit ist dann dessen Krankheitsbild wiederum wesentlich gravierender als alles bisher Geschilderte. Und *seine Wanderhoden* haben mindestens den Jakobsweg hinter sich.

Verbreitung
Laut einer Umfrage der WHO (World Herrje Organisation) kennt jeder erwachsene Deutsche mindestens eine Frau, die darunter leidet.

Prävention / Therapie
Als eventuell wirkungsvoll hat sich herausgestellt, die Erkrankte mit frei erfundenen, extrem schwierigen Krankheitsverläufen zu konfrontieren. Wichtig dabei ist, dass diese von ihr nicht »überboten« werden können. Auf Glaubhaftigkeit ist dennoch zu achten. Ein ungeeigneter Krankheitsbefund wäre beispielsweise eine Vierfachamputation. Gut geeignet sind dagegen Krankheiten wie

- Ebola

- Beulenpest

- Lepra

- Phantomschmerzen und Hypochondrie

- Tourette-Syndrom (sehr geeignet)

✖ Argumentanämie

Geschichte und Ursache

Aus rein etymologischer Sicht sind Frauen prädestiniert für schlüssige, nachvollziehbare Argumentationsketten: Eine körperliche Auseinandersetzung mit Gegnern und Gegnerinnen wäre dem Brutreflex unserer weiblichen Vorfahren massiv entgegengestanden. Wesentlich wichtiger war, im Falle einer Auseinandersetzung schlüssig und ohne Aggressivität zu argumentieren. Das heißt, sich einerseits in der Sache durchzusetzen, andererseits aber auch die eigene Gesundheit maximal zu schützen. Denn nur dieses Vorgehen garantierte der Frau eine angemessene Aufzucht und Umsorgung des Nachwuchses nach ihren konkreten Vorstellungen – nämlich durch ihre eigene Person.

Verlauf

Die moderne Anthropologie hält die Argumentanämie für ein großes Paradoxon, das die Wissenschaft bis heute vor ein Rätsel stellt. Denn gerade ihren Kindern gegenüber verzichten viele Frauen nicht nur auf eine dezidierte Darlegung ihrer Argumente. Sie verzichten komplett auf Argumente. Auch Ehemänner können von der Argumentanämie im Verlauf einer Partnerschaft betroffen werden.

Prävention / Therapie

Bei der Erforschung der Argumentanämie gestalten sich Versuchsreihen als besonders schwierig, da sie nur dann aussagekräftig sind, wenn sie unter realistischen Bedingungen stattfinden. Sie künstlich herbeizuführen lässt auf wenig Einsicht und Erfolgsaussichten hoffen. Als glücklicher Zufall hat sich die Ehe

der Anthropologen Dr. Sieglinde Heustaller und Dr. Svatopluk Fabelwitz ergeben. Fabelwitz war in der Lage, die anämischen Argumente seiner Frau quasi unter Laborbedingungen zu untersuchen. So nahm das Forscherpaar die gemeinsame Tochter Emilie (5) häufig mit ins Institut. Nach einer Reihe von heftigen Auseinandersetzungen sichtete der Forscher die von ihm angefertigten Protokolle: Seine Frau litt tatsächlich an einer (eventuell fortgeschrittenen) Argumentanämie!
Ihre typischen anämischen Argumente waren:

– Mein liebes Fräulein! Du fasst hier keine Instrumente an, sonst lernst du mich aber gleich kennen.

– Ich kann auch andere Saiten aufziehen.

– Warum? Weil. Ich. Es. Dir. Sage! Deswegen.

– Wenn der Kuchen spricht, schweigen die Krümel.

– Und basta.

– Aus, Äpfel, Amen.

– Hör auf, sonst bleibt ein Auge so.

– (Und zu ihrem Gatten:) Du vergleichst schon wieder Äpfel mit Birnen.

Da Fabelwitz' Analyse eines jeden anämischen Arguments mehrere hundert Seiten einer Arbeit zum Thema füllte, soll hier nur das letzte Beispiel auszugsweise genauer betrachtet werden:

»... interessant ist das immer wieder ins Spiel gebrachte Argument des Vergleichs von Äpfeln mit Birnen. Im Laufe meiner Untersuchung ging ich während meiner Mittagspause zu Edeka. Den dort erworbenen Apfel stellte ich direkt neben eine

Birne und fotografierte beide in maximaler Auflösung und bei gutem Licht. Das Ergebnis war beeindruckend: (...) während der Apfel rotbackig, rundlich, (...) die Birne hingegen (...) muss ich abschließend sagen, dass es mir ausgesprochen leicht und plausibel erschien, einen Vergleich zwischen den beiden Obstsorten herzustellen (...) Was also wollte Sieglinde mir damit sagen? Dass ich einwandfrei Vergleichbares vergleiche? Und warum ›schon wieder‹? Meines Wissens habe ich in ihrer Anwesenheit diesen Vergleich noch nie angestellt und auch nicht angestrebt (...).«

Prävention / Therapie

Laut Fabelwitz brachte es keinerlei Linderung oder Besserung, seine Frau mit der Haltlosigkeit ihrer Argumente zu konfrontieren. Er scheiterte insbesondere mit:

– »...sie kennt dich bereits. Du bist schließlich ihre Mutter.«

– »Mitnichten verfügen wir über irgendein Saiteninstrument. Gehen wir aber davon aus, wir hätten so ein Instrument und weiter, dass Du in der Lage bist, neue Saiten aufzuziehen. Wozu sollte das gut sein?«

– »Krümel können doch gar nicht sprechen.«

Er konnte feststellen, dass Gegenargumente seine Frau nur noch mehr aufregten. Reue, ehrliche Einsicht oder ein leichter Tränenausbruch hingegen führten zu einer sofortigen Beruhigung seiner Frau. Dieses Vorgehen empfiehlt Fabelwitz daher auch der Öffentlichkeit sowie seiner Tochter Emilie im Umgang mit der Argumentanämie.

✖ Arschheimer

Frauen, die an Arschheimer leiden, binden sich konsequent an sehr interessante, abenteuerlustige, leicht verruchte, extrem charismatische, gut aussehende Männer mit fragwürdigem Charakter, statt sich einen netten, fürsorglichen und freundlichen Partner auszusuchen.

✖ Augenkrebs

Augenkrebs ist bei Frauen eine sehr weit verbreitete Krankheit. Nahezu 99 Prozent aller Frauen leiden oder litten mindestens einmal in ihrem Leben an Augenkrebs. Die Häufigkeit der Krankheit ergibt sich aus der Tatsache, dass diese nahezu unendlich viele Auslöser hat. Die zehn bekanntesten Augenkrebserreger sind:

1. Hochgestellte Polokrägen

2. Arztsocken zu Sandalen

3. Weiße Mokkasins

4. Haare, die aus Ohren oder Nasen wachsen

5. Herren-Tangas

6. Architektur der spanischen Costa Brava

7. Fotos von der eigenen Frisur in den 80er Jahren

8. Getunte Kleinwägen

9. Hawaii-Hemden mit Shorts

10. TV-Berichte über ältere Swingerpärchen

✖ Ausgeh-Abszess

Leidet eine Frau unter einem oder sogar mehreren Ausgeh-Abszessen, geht dies mit einer starken Beeinträchtigung der zwischenmenschlichen Interaktion des Kennenlernens einher. Dabei sind gerade sehr hübsche Frauen am häufigsten und schlimmsten betroffen sowie unentwegt in Begleitung einer gouvernantenartigen Freundin anzutreffen. Diese sogenannten Ausgeh-Abszesse lassen sich nur sehr schwer entfernen oder kommen nach einer Entfernung umgehend wieder zurück.

Prävention / Therapie

Möchte ein Mann eine Frau kennenlernen, die an Ausgeh-Abszessen leidet, hat es sich als probates Mittel erwiesen, selbst mit Freunden auszugehen, die die Ausgeh-Abszesse ablenken, beschäftigen oder entfernen. Zumindest so lange, bis eine abszessfreie Verabredung mit der Frau getroffen werden konnte.

✖ Ausstatterismus

Ausstatterismus wird im Allgemeinen als typisch männliches Krankheitsbild beschrieben. Das Augenmerk eines Erkrankten fokussiert sich dabei ausschließlich auf technische Merkmale eines Gegenstandes. Bisher galten Frauen als gegen Ausstatterismus immun. Trotzdem wurden einige wenige Fälle von Ausstatterismus bei Frauen der Wissenschaft bekannt. Zum Beispiel, wenn eine Frau ihren neuesten Kinderwagen wie folgt beschreibt:
»... und natürlich hat er ein stabiles Voll-Alu-Rohr-Rahmensystem mit doppelt gebrohmtem Versteifungsgeripppe, einfa-

che Einhand-Schwenkbedienung beim Zusammenlegen mit separatem, vollflexiblem Tragenest und separater, feuerfester Schutzdecke, Gestell mit Schwenkschieber-Schablone, modernes, stufenlos regulierbares Dreiphasenverdeck mit modernen Edelstahl-Außenbügeln und verchromtem Sichtfenster ...«[5]

Prävention / Therapie
Aufgrund der Neuartigkeit der Krankheit sind noch keine Gegenmittel bekannt. Als sicher gilt jedoch eine sofortige Abheilung, sobald das Kind in der Lage ist, selbstständig zu gehen.

✖ Autobahninduzierte Blasenschwäche (AIBS)

Die autobahninduzierte Blasenschwäche ist eine besonders ernstzunehmende Frauenkrankheit. AIBS ist genetisch bedingt und nicht therapierbar. Das Krankheitsbild ist dabei immer gleich: Sobald eine von AIBS betroffene Frau in einem Personenkraftfahrzeug eine Autobahn befährt, werden vom Kleinhirn die zur Verfügung stehenden sowie für das Überleben des Körpers nicht benötigten Körperflüssigkeiten in die Blase befördert und verursachen dort einen immensen Druck. Dabei spielt es keine Rolle, dass die Frau wenige Augenblicke zuvor auf der Toilette gewesen ist und/oder seit 48 Stunden nichts mehr getrunken hat. Marke und Modell des Kraftfahrzeugs spielen dabei ebenfalls keine Rolle.

---

5 Mit freundlicher Genehmigung aus »Arschgeweih: Das wahre Lexikon der Gegenwart«, von Alexandra Reinwarth, Axel Fröhlich und Oliver Kuhn. Erschienen bei Ullstein; ISBN 978-3550078972

Prävention / Therapie

Männliche Personenkraftwagenführer neigen dazu, die autobahninduzierte Blasenschwäche zu unterschätzen, sie sogar in Frage zu stellen und mit der unter AIBS leidenden Frau eine Diskussion anzufangen. Dieses Verhalten entspricht einer unterlassenen Hilfeleistung und ist strafbar.

Der Druck in einer Frauenblase übersteigt die männliche Vorstellungskraft.

Es ist daher in keinem Fall angebracht, die (Bei-)Fahrerin auf die nächste Raststätte in 150 Kilometern Entfernung hinzuweisen oder auf die Tatsache, dass man doch erst vor einer Viertelstunde losgefahren sei.

Bricht bei einer Frau AIBS aus, besteht die einzige Möglichkeit der Linderung des Leidens in einem waghalsigen Haltemanöver auf dem Seitenstreifen der Autobahn, dessen Rand idealerweise mit blickdichtem Gebüsch bewachsen ist.

✖ Autoimmunerkrankungen

Die Autoimmunerkrankung ist die absolute Immunität von Frauen gegen Ratschläge in Bezug auf das Führen eines Kraftfahrzeuges seitens mitfahrender Männer. Mediziner gehen davon aus, dass in Deutschland jährlich allein durch die Immunität gegen den Satz: »Den kannst du noch locker überholen!«, zehntausende tödliche Unfälle verhindert werden.

Doch keine Krankheit ohne Leid: Viele Männer sehen durch die Autoimmunerkrankung ihre Autorität als gefühlter Fahrlehrer oft untergraben. Sie fühlen sich als väterlicher Ratgeber missverstanden und wohlmeinender Partner nicht geschätzt.

Besonders, wenn Frauen die Signale der elektronischen Einparkhilfe gut gelaunt berücksichtigen, gegenüber dem Rat des einparksachverständigen Partners aber resistent scheinen. Auf das Konto der Autoimmunschwächeerkrankung bei Frauen gehen jährlich Tausende von Scheidungen in Deutschland. Es ist allerdings bis heute noch kein Fall bekannt, in dem eine Frau mit ihrem TomTom durchgebrannt wäre.

✖ Autokauf-Asthenes

Die Autokauf-Asthenes (von deutsch »Autokauf« und »Asthenes«, griechisch für Schwäche) ist eine Erkrankung, die in direkter Verbindung mit dem Vorgang des Autokaufes einhergeht. Zunächst ermittelt die Frau, welche Art von Auto – Klein- oder Sportwagen, Familienauto, Geländefahrzeug, Stadtauto oder Transporter – sie benötigt. Im nächsten Schritt vergleicht sie verschiedene Marken, die Ausstattung, das Pannenverhalten, die Unterhaltskosten, den Anschaffungspreis und Preisverlust der in Frage kommenden Modelle. In der Kaufphase entscheidet sie sich dann für das Auto, dessen Sitzbezüge mit ihrem Teint am besten harmonieren.

Mit der Autokauf-Asthenes einher geht oft die Autosuggestion.

✖ Autoscooter-Missverständnis

Frauen neigen dazu, einen Autoscooter genau so zu fahren, wie es die Straßenverkehrsordnung erlaubt. Vorausgesetzt sie schaf-

fen es, vor dem Ablauf des Zeitlimits den Autoscooter auszu-
parken.

Prävention / Therapie
Rammen.

✖ Autositzdisposition

Frauen mit gesunden sowie anatomisch normal gewachse-
nen Extremitäten platzieren dabei den Fahrersitz eines Autos
so nahe am Steuerrad, dass es ihnen problemlos möglich ist,
während der Fahrt die Windschutzscheibe von innen mit der
Zunge zu berühren.
An Autositzdisposition erkrankte Frauen leiden besonders unter den abschätzigen Blicken fremder Verkehrsteilnehmer oder
unangemessenen Bemerkungen von Mitfahrern. Gerade die
eigenen Partner sollten sehr zurückhaltend mit Anspielungen
und Witzen sein: Frauen mit Autositzdisposition erinnern in ihrer Haltung nicht nur an Gottesanbeterinnen, sie würden auch
ohne zu zögern ihr Männchen auffressen.

✖ Autotrophe Lateralsklerose

Als autotrophe Lateralsklerose (*autotroph* lat. das Auto betref-
fend; *lateral* lat. latus, seitlich; *sklerose* egal, passt gut) wird das
Unvermögen sowie der Unwillen einer Frau bezeichnet, eine
Reifenpanne selbst zu beheben. Stellt die Frau ihren Wagen in
diesem Fall an der Fahrbahnseite ab, um bei jedem sich nähern-

den Fahrzeug einen Nervenzusammenbruch und große Hilflosigkeit zu signalisieren, spricht die Medizin von der autotrophen Lateralsklerose.

Prävention / Therapie
Als akut wirkendes Gegenmittel wird Pannenspray empfohlen. Mediziner raten allerdings davon ab, das Spray auf die Frisur oder unter den Achseln der Erkrankten anzuwenden und es keinesfalls mit dem Pfannenspray zu verwechseln.

 # Badstupor
(Stupor lat. Erstarrung, Lähmung)

Die Wissenschaft konnte bis heute nicht einwandfrei klären, ob es sich beim Badstupor tatsächlich um die Erkrankung der Frau oder um ein physikalisches Phänomen handelt. Beide Ansätze haben in etwa zu gleichen Teilen ihre Anhänger und Gegner. Bereits Ende des vergangenen Jahrhunderts haben sich renommierte Wissenschaftler mit dem Phänomen Badstupor befasst.

1. Badstupor als physikalisches Phänomen
Die weniger bekannte Relativitätstheorie Einsteins besagt, dass sich das Verhalten von Baderaum und Zeit aus der Sicht von Beobachtern relativ zueinander bewegt. So vergeht die Zeit einer Frau mit deren Eintritt ins Bad in Lichtgeschwindigkeit, während dem Mann die gleiche Zeit außerhalb des Bades vorkommt wie in Zeitlupe. Der »Medical Esquire« hat im Jahr 2003 eine Versuchsreihe gestartet, bei der Probanden ohne deren Wissen bestimmten Badsituationen ausgesetzt wurden. Im Anschluss

wurde die Situation aufgelöst und die Probanden dazu befragt. Hier zwei signifikante Aussagen eines Probandenpärchens:

Die Schilderung des Versuchs aus der Sicht von Cathy M., 32 Jahre, Auszug

»... Hank und ich waren zum Dinner bei Margaret eingeladen. Hank war bereits fertig angezogen. Ich ging kurz ins Bad, um mir schnell meine Frisur zu richten, mein Make-up aufzufrischen und mich anzuziehen. Hank wirkte ganz normal und gut gelaunt. Als ich kurz darauf zurück ins Wohnzimmer kam, war Hank betrunken, verwirrt und machte den Eindruck, als hätte er ein Gespenst gesehen …«

Der gleiche Versuch aus der Sicht von Hank M, 34 Jahre alt, Auszug

»Meine Frau wollte nur *kurz ins Bad,* weil wir eigentlich gleich zu einer Verabredung sollten. Ich machte mir im Wohnzimmer noch schnell ein Bier zur Überbrückung auf. Als ich nach mehreren Bieren immer noch da saß, machte ich mir Sorgen. Cathy antwortete nicht. Ich wartete weiter. Ich wurde fast verrückt. Was ist da drin los? Ist sie vielleicht durchs Badfenster gestiegen und durchgebrannt? Ich begann zu trinken und ließ mich hängen. Unendlich lange saß ich im Sessel und grübelte: ›Was habe ich bloß falsch gemacht?‹ Als Cathy dann plötzlich vor mir stand und mich fragte, ob ich fertig bin und ob wir endlich los könnten, Mann, ich kann Ihnen sagen, da war ich mächtig erleichtert!«

2. Badstupor als Krankheitsbild

Betritt eine Frau eine Nasszelle, erkrankt sie sofort am Badstupor. Hatte sie vor der Tür noch ein gesundes Gefühl für Zeit, terminliche Vereinbarungen, Pünktlichkeit, soziale Verpflichtungen und ein hohes Verantwortungsgefühl gegenüber der Familie, verliert sie diese mit dem Überschreiten der ersten Fliese.

✖ Bambiauge

Das Bambiauge – auch als corruptio oculus bekannt – ist eine der bekanntesten Abwehrreaktionen des weiblichen Körpers. Sie tritt vor allem in Zusammenhang mit anderen Krankheiten wie der akuten → Geldinsuffizienz oder aber der → Heuleritis auf. In seltenen Fällen konnte auch ein Auftreten des Bambiauges in Abhängigkeit vom Ehe-Wahn festgestellt werden.

Diagnose
Zu erkennen ist das Bambiauge an den weit aufgerissenen Augenlidern und dem Mitleid erregenden Blick der Patientin.

Ansteckungsgefahr
Obwohl das Bambiauge nicht ansteckend ist, geht von ihm eine große Gefahr für Männer aus. So führt längerer Kontakt mit einer betroffenen Frau bei Männern zum totalen Verlust der Kreditkarten-Kontrollfunktion, zu akutem Schuldgefühl und – besonders kritisch – zu Fällen von Heiratsantragszwang.

Vorkommen
Bambiauge tritt besonders häufig bei von Frauen verursachten Verkehrsverstößen auf. In der Folge neigen männliche Polizisten unter dem Einfluss von Bambiauge dazu, von einer angemessenen Bestrafung der Frau abzusehen. Der Einsatz von Po-

lizistinnen trägt der Gleichstellung der Frau im Straßenverkehr wenigstens zum Teil Rechnung: Polizistinnen sind im Gegensatz zu ihren männlichen Kollegen gegen den Bambiblick immun und können eine willkürliche Kulanz gegen Gesetzesverstöße ausschließen.

Prävention / Therapie

Jede Vermeidung von Blickkontakt. Ideal ist die Reduktion der Kommunikation auf SMS. Wichtig: Oft versuchen an Bambiauge erkrankte Frauen diese Kommunikationseinschränkung zu umgehen. Von ihnen elektronisch per Mail oder MMS gesendete Bild-Anhänge dürfen auf keinen Fall geöffnet werden.

✖ Bauweh

Bauweh ist eine ebenso alte wie grausame Frauenkrankheit. Historiker verfügen über vielfältige Dokumentationen, dass Bauweh schon in der Antike ein kaum therapierbares Leid darstellte. So waren bereits vor Christi Geburt Konflikte zwischen Handwerkern, Architekten und Gatten auf der einen und Bauherrinnen auf der anderen Seite keine Seltenheit. Es gilt als gesichert, dass sich der Verlauf der Krankheit seit Tausenden von Jahren nicht verändert hat: Obwohl sich Architekt, Handwerker und Auftraggeber längst über ein privates Bauvorhaben einigen konnten, geben betroffene Gattinnen vor, nicht oder nur ungenügend in die Pläne eingeweiht worden zu sein. Die Reaktionen fallen bei Bauweh harsch und emotional aus:

»Das ist jetzt aber nicht dein Ernst? Das soll der wieder einreißen! Das ist mir scheißegal, wir zahlen keinen Pfennig extra!!!«

»Das ist mir wurscht, ob das technisch nicht anders geht. Das sieht scheiße aus. Das muss da weg!«

»Ist es denn jetzt so schwer zu verstehen, was ich mit *ein bisschen weiter dorthin* meine?«

»Die Fliesen kann er in seinem eigenen Bad verlegen. Die haben im Katalog ganz anders ausgesehen.«

»Auf welcher Seite stehst du eigentlich? Auf der dieser Gurkentruppe oder auf meiner? *Wir bezahlen* die doch schließlich!«

»Warum ziehst Du eigentlich nicht mit dem Elektriker zusammen, wenn du dem ständig recht gibst?«

Statistisch gesehen werden alleine in Deutschland 4 Prozent aller Ehen aufgrund von anhaltendem Bauweh geschieden. Als sensationelle, historisch gesicherte Tatsache gilt, dass Rom sehr wohl in einem Tag hätte erbaut werden können.

Prävention / Therapie
Mietwohnungen

✖ Begrüßungsfirlefanzismus

Um den Begrüßungsfirlefanzismus begreifen zu können, muss an dieser Stelle ein kleiner Exkurs vorausgestellt werden. Denn fast jede Kultur der Welt verfügt über ein relativ festes Begrüßungsritual, das mehr oder minder kompliziert ist. Während in nordamerikanischen Ghettos oft sehr komplizierte Choreografien des Faust- und Händeschüttelns sowie gegenseitiges Schlagen und Hüpfen Usus sind, beschränkt sich der Nordeuropäer auf den einfachen Händedruck. Was distanziert und kühl klingt, ist ein vergleichsweise intimes Ritual. Durch einen Händedruck lässt sich relativ viel über die Verfassung oder eventuell sogar den Charakter eines Menschen sagen. Die Stärke des Händedrucks, die Dauer, die Haptik und vor allem die Trockenheit oder Feuchtigkeit der Hände lassen sich kaum verstellen. Viele Frauen haben es sich zur Angewohnheit gemacht, einem Händedruck zu entgehen und stattdessen in den krankhaften Begrüßungsfirlefanzismus zu flüchten. Ein ausgeprägter Begrüßungsfirlefanzismus macht sich durch folgende Symptome bemerkbar:

Umarmung: Die Erkrankte umarmt herzlich ihr bekannte und auch vollkommen unbekannte Personen. Die Umarmung verwirrt zumeist flüchtige Bekannte, Unbekannte oder Ordnungsbeamte, die sich plötzlich in einer Engtanzposition befinden.

Küsschen: Eine zweite Art des Begrüßungsfirlefanzismus ist das Austauschen von Küsschen auf die Wangen (Variation: einmal links und rechts oder dreimal, je nach Land). Problematisch, wenn die Grußperson nicht mit einer plötzlichen Annäherung eines Gesichts und hier besonders der Lippen rechnet und sich auf einmal in einer Engtanzposition mit Knutschen befindet.

Lautes Quietschen bei Freundinnen: Die dritte Variante des Begrüßungsfirlefanzismus findet ausschließlich unter Frauen oder auch sehr feminin orientierten Männern statt. Sie wird von einem schubartigen Quietschausbruch nicht unter einer Lautstärke von 120 Dezibel begleitet. Die Höhe solcher Töne ließ im Jahr 2011 eine Gruppe von mauretanischen Flughunden auf die Begrüßenden abstürzen.

✖ Beinrhizom

Das Beinrhizom ist eine Krankheit, die im 21. Jahrhundert, trotz Emanzipation, Gleichstellung der Geschlechter und Frauenquoten, immer noch komplett von der Gesellschaft tabuisiert wird. Dabei ist es eine nahezu unübersehbare Tatsache, dass, abgesehen von Bade- und Strumpfmodels sowie einigen seltenen Ausnahmen, die meisten Frauen geradezu albern kurze Beine haben.[6]

✖ Bestell-Defekt

Unter einem Bestell-Defekt leiden Frauen, die regelmäßig online einkaufen, jedoch 99 Prozent der Ware wieder zurückschicken. Am häufigsten wundern sich die an Bestell-Defekt leidenden Frauen, dass Klamotten an ihnen vollkommen anders aussehen als an den Modellen im Online-Shop.
Die hohe Misserfolgsquote hält die Frauen jedoch nicht davon ab, weiterhin und in geringen zeitlichen Abständen neue Produkte online zu bestellen. Nicht einmal eine akute → Geldinsuffizienz ist geeignet, die erkrankten Frauen davon abzuhalten. Das Phänomen des Bestell-Defektes tritt erst seit einigen Jahren auf und über Hintergründe und Ursachen wird noch heftig gestritten. So besagt eine Theorie der WHO (Welt Handels Organisation), dass es den an Bestell-Defekt leidenden Frauen primär gar nicht um den Erwerb von Produkten, sondern den Einkaufsprozess an sich gehe.

---

6 Originalanmerkung der Redakteurin: »Du spinnst wohl mein Freund.«

Therapie
Noch unbekannt.

✖ Beulenpest

Glücklicherweise ist Beulenpest keine reine Frauenkrankheit. Die Beulenpest gilt in unseren Breitengraden als ausgestorben. Impfmittel sind verfügbar, insofern stellt die Beulenpest keine Bedrohung mehr dar und rafft niemanden mehr dahin. Was man von Musicals leider nicht behaupten kann.

✖ Bikinihilismus

Unter Bikinihilismus leiden Frauen, die eine durchaus plausible Erklärung abgeben können, warum drei mal drei Quadratzentimeter Stoff genau so viel kosten können wie eine komplette Bergsteigerausrüstung samt Biwak.

✖ Biokaufrausch

Seit etwa fünf Jahren tritt der Biokaufrausch – auch als Alnaturismus bekannt – immer häufiger in deutschen Großstädten auf. Mit dem Biokaufrausch geht die zwanghafte Vorstellung einher, durch den Kauf vollkommen überteuerter Bioprodukte die Welt zu retten.
Biokaufrausch grassiert besonders in den deutschen Großstädten Hamburg, München und Berlin. In der deutschen Hauptstadt

Berlin gelangten die Stadtteile Friedrichshain und Prenzlauer Berg zu trauriger Berühmtheit. In diesen Vierteln leben an Biokaufrausch leidenden Menschen mittlerweile wie in einem Ghetto.

Typische Biokaufrausch-Symptome sind:

»Möchtet ihr vielleicht noch eine Holunder-Bionade?«

»Und, wie schmeckt euch der Braten? Die Verkäuferin hat gesagt, dass das Schwein ein Leben lang glücklich war!«

»Schaut mal, was für eine kräftige Farbe der Eidotter hat, wenn das Huhn draußen im Freien herumlaufen durfte.«

»Ja, das ist ein Dosen-Thunfisch. Aber mit der Angel gefangen!«

»Wie? Ihr esst noch Erdbeeren aus Spanien? Die sind doch alle mit Dioxin verseucht!«

»Hast du eigentlich eine Ahnung, wie viel CO_2-Ausstoß so eine Flugmango verursacht?«

»Um so ein Rindersteak herzustellen, werden 4 000 Liter Wasser verbraucht.«

Übliche Nebenwirkungen von Biokaufrausch sind:

– Vegane Ernährung

– Freunde mit Erzählungen über die Produktionsbedingungen von Rindern in Südamerika langweilen

– Rhabarber zu den essbaren Gemüsen zählen

Gefährlichkeit

Biokaufrausch gilt als ungefährlich. Innerhalb einer Beziehung können jedoch unangenehme, sehr deprimierende Nebenwirkungen auftreten. Etwa wenn der Morgenkaffee durch Gute-Laune-Tee ersetzt wird.

Prävention / Therapie

In Gedanken den betroffenen Frauen hin und wieder einen CO_2-Fußabdruck aufs Gesäß drücken.

✖ Bipolare Schwäche

Frauen, die unter einer bipolaren Schwäche leiden, wissen nicht, ob Süden »oben« oder »unten« ist und ob Westen oder Osten »links« liegt. Es konnten Fälle bestätigt werden, wo einfaches Drehen einer Landkarte zu Schwindelgefühl und Erbrechen bei den Betroffenen führte. Auslöser dafür war der Hinweis auf eine Drehung der Karte, aber nicht der tatsächlichen geografischen Himmelsrichtung.

✖ Blasen-Schwäche

Blasen-Schwäche bezeichnet eine gravierende Vernachlässigung des Oralverkehrs.

Therapie und Prävention

Als eine der häufigsten Ursachen für Blasen-Schwäche bei Frauen gilt der Hygienemangel im männlichen Intimbereich. Blasenschwäche kann daher durch tägliches Auftragen von Duschgel in den relevanten Körperzonen massiv gelindert werden.

✖ Bleistifttestangst

Die Bleistifttestangst ist eine klassische Wahrnehmungsstörung, bei der die betroffene Frau die Wirkung der Erdanziehungskraft auf ihren Busen maßlos überschätzt. Mit der Krankheit geht auch die Angst vor Verlust der Anziehungskraft auf das männliche Geschlecht einher.

Diagnose

Zu erkennen ist die Bleistifttestangst an der ständigen Durchführung des Bleistifttestes und den typischen Handbewegungen der Betroffenen. So greifen sie – insbesondere vor dem Spiegel – ihre Brüste mit beiden Händen und vollführen anschließend kurze, ruckartige Aufwärtsbewegungen.

Prävention und Therapie

Bleistifttestangst muss mit viel Einfühlungsvermögen und Sensibilität behandelt werden. Vollkommen kontraproduktiv sind Signale und Botschaften, die direkt oder indirekt das Vorhandensein eines Hängebusens bestätigen oder vermuten lassen. Zu vermeiden sind daher:

– Schenkungen von Wonderbras

– Finanzierungsvorschläge für Schönheitsoperationen

– Sätze, in denen das Wort Bindegewebsschwäche vorkommt

– TV-Dokumentationen über afrikanische Naturvölker

– Das Verlassen der Frau für eine jüngere

Wird Bleistifttestangst nicht vollständig therapiert, droht die Erkrankung an → Silikon-Busen.

✖ Blödheit

Mädchen sind blöd beziehungsweise voll blöd.

Dies hat eine repräsentative Umfrage der Klasse 4c der Grundschule Eibach bei Nürnberg ergeben. Sämtliche Befragten kamen zu dem überwältigend mehrheitlichen Ergebnis, dass »Mädchen blöd« oder sogar »voll blöd« seien. Einzige Ausnahme sei, laut dem Sprecher der Gruppe (Finn, 7 Jahre) »die Carola«, deren Vater eine Metzgerei im Ort betreibt. »Die ist ganz okay.« Ob sich Finns These »Außerdem sind alle Mädchen nicht nur blöd, sondern auch hässlich!« in einer weiteren Umfrage bestätigen wird, ist derzeit noch offen. Zu der Frage, ob die Carola (ebenfalls 7 Jahre) davon ebenfalls betroffen sei, verweigerte der errötete Sprecher jegliche Aussage.

✖ Blœdwarten

Sobald ein Mädchen ein Alter erreicht, in dem sie ihr Zimmer selbst gestalten darf oder ihre erste eigene Wohnung/WG einrichtet und bezieht, bricht alternativlos Blœodwarten aus. Gegen Blœdwarten sind weder Gegenmittel, Impfungen oder andere Präventionsmaßnahmen bekannt. Der Name Blœdwarten bezieht sich dabei weniger auf die erkrankten Frauen, sondern den unerträglichen Effekt auf Vater oder Freund. Diesen erscheint es oft, als würden sie über die Hälfte ihres Lebens mit Warten bei IKEA verbringen, da auch das Aussuchen, Begutachten, Erwägen, Probesitzen und -liegen nicht als Aktion, sondern als reine, unendliche Wartezeit wahrgenommen wird. Selbst der großzügig eingeräumte Genuss eines Hotdogs und eines schwedischen Bieres kommt einem Martyrium, ähnlich dem eines Musicals von Andrew Lloyd Webber, gleich.

Blœdwarten wird begünstigt durch die Abhängigkeit von IKEA, in die sich eine Frau freiwillig begibt. Dieses beidseitige Abhängigkeitsverhältnis ist symbiotisch und ähnelt der Bindung, wie sie von Sekten, Opiumhöhlen oder Schuhgeschäften bekannt ist.

Dabei werden sämtliche normal gültigen Wirtschaftsregeln, zwischenmenschliche Standards und Ansprüche an das Leben außer Kraft gesetzt: Egal ob Qualität, Preis-Leistungs-Verhältnis oder Ansprüche an Service und Garantie – eine an Blœdwarten erkrankte Frau wird diesbezüglich von einer spontanen Demenz erfasst. So wird Familienmitgliedern, die sich daheim ausschließlich von biologischen Lebensmitteln ernähren, bei IKEA der Verzehr extrem minderwertiger Lebensmittel gestattet: Lamentierende Männer werden mit einem Hotdog sediert, Kinder erhalten eine Portion gehacktes[7] Fett mit Knorpeln und Preiselbeersoße und in nahezu unlimitiertem Umfang zuckerhaltige Limonaden.

Sonst sehr zielgerichtete Frauen betreten IKEA mit dem konkreten Wunsch, ein dreiteiliges Sofa käuflich zu erwerben – und verlassen den Möbelladen stattdessen mit 400 Teelichtern.

---

7 Für Österreich: faschiertes

✖ Botoxitis

Bei der Botoxitis – auch als Frankenstein-Syndrom bekannt – handelt es sich um gefährliche Wucherungen unter der Haut, die zur Lähmung der Gesichtsmuskeln führen.

Ursache
Botoxitis tritt bei Frauen ab 45 Jahren auf. Als Hauptursache gilt der natürliche Alterungsprozess.

Vorkommen
Besonders häufig betroffen sind sogenannte Society-Ladys und Schauspielerinnen. Da für letztere mimische Fähigkeiten Grundlagen des Broterwerbs sind, bedeutet die Lähmung der Gesichtsmuskulatur meist die Berufsunfähigkeit.[8]

Krankheitsverlauf
Erfreut über die mit Botoxitis einhergehende, glättende Wirkung auf die Haut, wird die Krankheit von den Patientinnen im Anfangsstadium oft nicht als solche wahrgenommen. Komplikationen treten erst auf, wenn die Botoxitis weit fortgeschritten ist und eine mimische Kommunikation mit der Außenwelt vollkommen unmöglich wird.

In diesem fortgeschrittenen Stadium der Krankheit wirken Botoxitis-Erkrankte auf Außenstehende meist teilnahms- und emotionslos. In der Folge kommt es immer häufiger zu Missverständnissen mit der Umwelt. Vor allem Partnerschaften leiden extrem

---

8 Viele der an Botoxitis erkrankten Schauspielerinnen werden aufgrund des starren Gesichtsbildes fortan nur noch für die Darstellung von Zombies in Horrorfilmen gebucht und können sich so wenigstens einigermaßen über Wasser halten.

unter der Botoxitis. So führt etwa das Überreichen eines hübschen Diamant-Colliers an eine Botoxitis-Erkrankte nicht etwa zu überrascht nach oben gezogenen Augenbrauen, einem erfreuten Lachen und weit aufgerissenen Augen, sondern lediglich zu einem kurzen Zucken im Gesicht. Die Folge: Der Partner ist verstört und zieht sich gekränkt zurück. Auch beim Sex irritiert der starre Gesichtsausdruck der Partnerin. Von Befriedigung, Erregung oder gar Leidenschaft findet sich im Gesicht keine Spur. Über kurz oder lang ist daher das gesamte soziale Leben durch die Botoxitis gestört:

– Restaurantbesuche werden zur Qual, weil die Botoxitis-Kranke scheinbar lustlos im Essen herumstochert.

– Das maskenhafte Lächeln vergrault Kinder.

– Im Büro tuscheln die Kollegen, die Botoxitis-Kranke hätte innerlich bereits gekündigt.

– Nicht einmal mehr die Zeugen Jehovas klingeln aus Angst an der Tür.

Im weiteren Krankheitsverlauf führt Botoxitis zur totalen Isolation.

Prävention / Therapie
Einen einseitigen Nichtangriffspakt mit seinen Falten abschließen.

✖ Bügelarm

Als Bügelarm ist ein plötzlich auftretender, übermäßiger Schmerz im Unterarm definiert, der es der Betroffenen unmöglich macht, ein Bügeleisen in die Hand zu nehmen oder gar über ein Hemd oder ein T-Shirt gleiten zu lassen.

Bügelarm ist eine noch relativ unerforschte Krankheit, über die keine gesicherten Erkenntnisse vorliegen. Die WHO (Welt Hemden-und-Blusen Organisation) nimmt an, dass ein Zusammenhang zwischen der Höhe des sogenannten Bügelberges im Wäschekorb sowie der vorhandenen Anzahl der darin enthaltenen Männerhemden besteht. Überlastung als Schmerz auslösende Ursache kann ausgeschlossen werden, da der Bügelarm auch auftritt, wenn die Betroffene seit einem halben Jahr nicht mehr gebügelt hat.

Prävention / Therapie

– Anstellen einer Haushaltshilfe

– Versetzung des Mannes aus dem Außendienst

Die Prävention eines Bügelarms mittels sogenannter bügelfreier Hemden, die aus faltenfreien Stoffen genäht werden, gilt als gescheitert. Wie die WHO 1996 auf dem 3. Weltbügelkongress feststellte, handelt es sich dabei um einen Marketing-Gag, den außer den Hemdenherstellern jedoch niemand lustig fand.

✖ Camilla-Krankheit

Viele Frauen leiden unter einer mysteriösen, äußerst heftigen Liebe zu Pferden. Es wird angenommen, dass sie sich mit diesen eleganten Geschöpfen besonders gut identifizieren können. Manche Frauen mit offensichtlicher Berechtigung, was ein Blick in ihr Gesicht oder auf ihr Hinterteil verrät. Andere Frauen vermutlich deswegen, weil ihre erste und größte Liebe ein dickes Pony war, das die eigenen körperlichen Probleme relativierte.[9]

✖ Chronische Hauptspeisen-Division
(C.H.D.)

Bei der C.H.D. handelt es sich um die zwanghafte Störung, in Speiselokalen nach dem Verzehr der Hälfte eines bestellten Gerichtes den Tischpartner zum Tausch der Gerichte zu bewegen.

Unterteilung
Um die Schwere der Krankheit richtig einzuschätzen, gilt es zwischen der spontanen und der chronischen Hauptspeisen-Division zu unterscheiden. Während ein spontanes, eher seltenes Auftreten noch keinen konkreten Krankheitsbefund anzeigt, stellt die chronische Form der Hauptspeisen-Division eine ernsthafte Beeinträchtigung der Beziehung dar. Weitere Formen der Krankheit sind die chronische Vor- und Nachspeisen-Division oder die besonders gefürchtete Bier-Teilung.

Prävention / Therapie
Eine Langzeitdoppelblindstudie der WHO (World Hauptspeise Organisation) aus dem Jahr 1999 hat ergeben, dass eine präventive Verweigerungshaltung das einzige probate Mittel ist, die Erkrankung zu bekämpfen.

---

9 Siehe auch → Körperkomplex

✖ Cappuccinismus

Cappuccinismus gehört zu den schweren Suchtkrankheiten. Die Betroffenen sind dabei nicht mehr in der Lage, ein Leben ohne Kaffee zu führen. So können Frauen, die an Cappucinismus leiden, nicht an örtlichen Koffeingetränke-Ausschänken (Starbucks / Coffee Fellows / Segafredo) vorübergehen, ohne unverzüglich einen Kaffee käuflich zu erwerben. In besonders schweren Fällen von Cappuccinismus erfolgt der Verzehr des koffeinhaltigen Getränkes sogar zeitgleich mit einer dadurch verantwortungslosen Nebentätigkeit – dem Laufen.

Symptome für Cappuccinismus:

– Im Bewerbungsgespräch sofort fragen, wo genau im Unternehmen sich der Kaffeeautomat befindet.

– Mit Schokolade überzogene Kaffeebohnen in der Handtasche mit sich führen.

– Den ersten dreifachen Espresso am Morgen intravenös spritzen.

– Die Mokka-Maschine statt mit Wasser mit Kaffee befüllen.

– Den Unterschied zwischen Caramel Flavoured Low Fat Coffee und einem Strawberry Joghurt Frappiato kennen.

Hinweis

Oft versuchen Frauen ihre Sucht zu vertuschen und zu verheimlichen. So geben viele von ihnen gegenüber ihrem Partner an, sich mit Freundinnen verabredet zu haben, um »über so Weiberkram« zu sprechen. »Ach, du weißt ja, was Mädels so quatschen.« Die Zusammentreffen finden zu neunzig Prozent in Cafés oder Coffee Shops statt und dienen ausschließlich dem Ziel, Koffein in großen Mengen zu sich zu nehmen. Da sich die Kosten der Sucht in den letzten Jahren drastisch erhöht haben, kommt es in einzelnen Fällen zu → Geldinsuffizienz.

Gefahren
Cappuccinismus kann vor allem am Sonntagmorgen extrem gefährlich werden, wenn die Betroffene feststellt, dass der Kaffee zu Hause nicht mehr vorrätig, die umliegenden Bäckereien noch geschlossen und die nächste Tankstelle fünf Kilometer entfernt ist.

Prävention / Therapie
Sämtliche Versuche, den Cappuccinismus mit Ersatzpräparaten wie Tee zu heilen, schlugen fehl. Die Nebenwirkungen waren verheerend: Bei den teilnehmenden Frauen kam es nach zwei Wochen Teekonsum verstärkt zu → Yogawahn, → Biokaufrausch sowie → Esoterikdemenz.

Hinweis
Es ist Männern zudem nicht gestattet, morgens mit dem Satz »Schau mal Schatz, eine Morgenlatte« bei der Erkrankten falsche Erwartungen zu wecken.

✖ Chronische Wadenwegserkrankung

Leidet eine Frau an chronischer Wadenwegserkrankung ist es unerheblich, ob sie sich eine bereits vorhandene oder neu angeschaffte Feinstrumpfhose anzieht: Die deutliche Laufmasche, die sich über ihr Bein zieht, erscheint unvermeidbar. Frauen mit chronischer Wadenwegserkrankung kämpfen oft ihr Leben lang gegen ihre Erkrankung an. Ohne jede Aussicht auf Linderung oder Heilung. Die damit einhergehende psychische Belastung geben die Erkrankten nicht selten in schikanöser Art an ihre Partner weiter, indem sie diese losschicken, um sofortigen Feinstrumpfhosenersatz zu besorgen. Hierbei ist es für die wenigsten Partner unproblematisch, einen rein femininen Artikel in einem geeigneten Ladengeschäft zu erwerben. Vielmehr entstehen noch größere Konflikte aus den von ihnen verschafften Strumpfhosen oder Strümpfen:

»Sag mal! Machst du das mit Absicht? Die Strumpfhose ist doch: viel zu klein/zu groß/zu rosa/zu schwarz/zu hautfarben/mit Naht/ohne Naht/mit Ferse/ohne Ferse/mit Muster/ohne Muster/nicht passend zu *diesem* roten Kleid, du Hornochse …«
Nur eines haben alle beschriebenen Strumpfhosen gemein. Die nächste Laufmasche.

✖ Chronischer Haarschaden

Chronischer Haarschaden ist die bekannteste und am meisten verbreitete Frauenkrankheit der Welt. Die WHO (Welt Haarschaden Organisation) hat die Krankheit seit Jahren auf der Pandemie-Stufe 6 gelistet. Insofern handelt es sich dabei um eine latente, hoch infektiöse und nicht vermeidbare Übertragung der Krankheit von Mensch zu Mensch.
Der chronische Haarschaden zieht sich durch alle gesellschaftlichen Schichten. Zu den prominentesten Opfern zählen oder zählten: Amy Winehouse, Margot Honecker, Miss Piggy, Lady

Gaga, Rapunzel, Claudia Roth und Emma Watson, seit sie eine als allgemeingefährlich eingestufte Kurzhaarfrisur trägt. Doch auch weniger prominente Opfer wie meine Nachbarin Sieglinde Matschullat oder die Conny damals aus der 8b haben unter den Auswirkungen des chronischen Haarschadens schwer zu leiden.

Ursache

Mittlerweile weltweit anerkannte Ursache für dieses ernsthafte Problem sind häufige Besuche bei vermutlich geistesgestörten Friseuren. Obwohl die Politik versucht, die Pandemie mittels Schutzsteuern einzudämmen – so zahlen Frauen teilweise bis zu 50 Prozent mehr für einen Haarschnitt als Männer – wollen sich bei der Bekämpfung des chronischen Haarschadens keine messbaren Ergebnisse einstellen.

Ausgelöst wird die Krankheit durch tatsächlichen oder eingebildeten Spliss und den unbedingten Wunsch nach Veränderung. In ihrer Verzweiflung sehen die Frauen keine andere Lösung mehr, als sich in die gefährlichen Hände eines Friseurs zu begeben.

Krankheitsverlauf

Der Ausbruch der Krankheit kündigt sich meist mit einer harmlosen Kopfmassage an. Es folgt eine intensive Haarwäsche und eine nette Plauderei über den letzten Urlaub. Nicht mehr aufzuhalten ist dann der Ausbruch des chronischen Haarschadens, wenn Friseur oder Friseuse die folgende Frage stellt:

»Wie hätten Sie's denn gern?«

Studien haben ergeben, dass der chronische Haarschaden genau in diesem Moment ausbricht, denn noch nie ist es einem Friseur gelungen, die Vorgaben einer Kundin exakt umzusetzen. Sei es aus Vorsatz oder aufgrund eines Missverständnisses. Hierzu hat die Medizin noch keinerlei Theorien beweisen können. Ist die Frau beim Friseur oft noch guten Mutes und stuft ihre neue Frisur als perfekt ein, schlägt dieses Gefühl unter den mitleidigen Blicken der Passanten auf dem Weg nach Hause in pure Verzweiflung um. Zu Hause angekommen, kann die Frau dann nur noch in Tränen aufgelöst den Ausbruch von chronischem Haarschaden feststellen und sich darüber wundern, dass ihre Haare beim Friseur doch noch ganz anders aussahen.

Besonders schwere Fälle von chronischem Haarschaden entstehen durch:

- Silberpapier

- Lockenwickler

- Trockenhaube

- Extensions

- Strähnchen

- 9-Euro-Frisuren

- Föhn

- Haargel

- Volumenpuder

Gefährlichkeit

Chronischer Haarschaden ist sehr gefährlich und springt mehr und mehr auch auf Männer über. Rudi Völler, Don King oder Mario Gomez sind nur einige bekannte Beispiele von betroffenen Männern.

Bekannte Typen des Chronischen Haarschadens

Chronischer Haarschaden tritt in den unterschiedlichsten Formen und Varianten auf. Die WHO (Welt Haarschaden Organisation) hat die Wichtigsten typisiert:

Bei Frauen

Die Dauerwelle ist eine der am weitesten verbreiteten Varianten des chronischen Haarschadens. Vormals glatte schöne Haare verwandeln sich durch die Dauerwelle in kleine unnatürliche Locken, die an Ringelschwänze von Schweinen oder einen Akopatz erinnern.

Der Pony führt zu einer Missbildung der Schopfhaare, die fortan in gerader Linie quer über die Stirn verlaufen.

Der Dutt ist eine knotenartige Wucherung am Hinterkopf.

Die Hochsteckfrisur kann bei allen Haarlängen ausbrechen und animiert Vögel zum Nisten.

Der Pferdeschwanz ist vor allem für Mädchen im Schulalter gefährlich, da Jungs diese Form des chronischen Haarschadens gerne zur eigenen Bespaßung missbrauchen, indem sie kräftig daran ziehen.

Der Tingeltangel-Bob ist gekennzeichnet durch langes rotgelocktes Haar. Bekannt geworden ist die Frisur durch die Figur des psychopatischen Tingeltangel-Bob aus der Zeichentrickserie *Die Simpsons*. Hierbei handelt es sich um den derzeit schlimmsten bekannten chronischen Haarschaden. 2011 erkrankte beispielsweise die Sängerin Rihanna kurzzeitig am Tingeltangel-Bob. In halbmeterlangen roten Locken standen ihre Haare nach allen Seiten vom Kopf ab. Die Welt hielt den Atem an. Erst im letzten Moment konnte die Sängerin gerettet werden.

Bei Männern

Die Glatze ist der bei Männern am häufigsten auftretende chronische Haarschaden. Die verheerende Wirkung: Nackt sehen diese Männer wie riesige Penisse aus.

Die Vokuhila-Frisur ist nach der schrecklichen *Vokuhila*-Pandemie in den Achtzigerjahren beinahe ausgestorben. Heutzutage ist diese Form des chronischen Haarschadens nur noch in Teilen des Ruhrgebietes sowie in Osteuropa oder als modischer Retro-Schub in Barcelona anzutreffen.

Prävention / Therapie

Noch immer suchen Mediziner auf der ganzen Welt nach einem geeigneten Mittel, um den chronischen Haarschaden dauerhaft zu bekämpfen. Bisher ohne Erfolg. Shampoos verschaffen eine kurzzeitige Linderung, länger andauernd ist die Wirkung von Kopftüchern und Hüten. Bei akuten Vorfällen ist umgehend die Notaufnahme von Unfallfriseuren aufzusuchen.

Deckenkleptomanie

95 Prozent aller Frauen, die in einer häuslichen Wohngemeinschaft leben und sich das Bett mit ihrem Partner teilen, leiden unter Deckenkleptomanie. Auslöser des nächtlichen Deckendiebstahls ist nicht ein etwaiges Kältegefühl, das mit der Decke des Partners abgewendet werden soll, da meist eine ausreichend dicke eigene Decke vorhanden ist. Auch eine nächtlich aufkommende Sammelleidenschaft von Decken gilt als höchst unwahrscheinlich. Forscher der WHO (World Hey!!! Organisation) vermuten, dass es sich um eine tief verankerte Schutzfunktion handelt.

Krankheitsverlauf

Obwohl Männer weniger leicht frieren als Frauen, fällt es auch ihnen schwer, im fröstelnden Zustand erholsamen Schlaf zu finden. Das Abnehmen der Decke findet unterbewusst statt und geschieht meist bereits in der REM-Schlafphase oder auch während des Tiefschlafes der Frau. Es soll den Mann in seiner Funktion als Bewacher am Einschlafen hindern.

Prävention / Therapie

Im Laufe der Jahrtausende des Zusammenlebens von Mann und Frau hat die Natur ein Regulativ zur Deckenkleptomanie geschaffen. So hat der Mann seinerseits eine wirkungsvolle Fähigkeit erworben, die Frau vom Einschlafen abzuhalten, ohne selbst dabei wach bleiben zu müssen: das Schnarchen.

✖ Deflorationshemmung

Die Deflorationshemmung – auch als pavor fututio bekannt – bezeichnet die Angst vor dem ersten Geschlechtsverkehr. Zu erkennen ist sie an Sätzen wie:
»Ich find Küssen schön.«
»Ich glaub, ich bin noch nicht so weit.«
»Mein Vater steht hinter der Tür und belauscht uns.«

Ursache

Als Hauptursache für die Deflorationshemmung gelten besorgte Väter.

Prävention / Therapie

Um die Deflorationshemmung erfolgreich zu bekämpfen, ist es zuerst notwendig, die Ursache der Krankheit – also den Vater – zu isolieren. Nur so gelingt es, den schädlichen Einfluss des Vaters auf den weiblichen Organismus so gering wie möglich zu halten. Bewährt haben sich dabei:

– ein Sky-Bundesliga-Abo

– ein Kasten Bier

– das Warten auf den Sommerurlaub der Eltern

Gelingt die Isolation des Krankheitsherdes, ist unverzüglich mit einer Licht- und Musiktherapie zu beginnen. Dabei werden sämtliche grellen Lichtquellen im Wohnbereich der Frau heruntergedimmt oder durch Kerzen ersetzt. Bei der Musiktherapie haben sich folgende Interpreten bewährt:

– Xavier Naidoo

– Eros Ramazzotti

– Best of Kuschelrock

Die Wahl der richtigen Interpreten ist wichtig, da – falsch angewandt – die Musiktherapie die Deflorationshemmung zusätzlich verstärken kann. Negative Auswirkungen sind von folgenden Interpreten bekannt:

– Die Toten Hosen

– Bushido

– Rammstein

Besonders gefährlich ist der Einsatz von Justin Bieber-Songs bei der Musiktherapie, da mit ihnen im schlimmsten Fall → Keuschhusten ausgelöst werden kann.

✖ Dekolleté-Dilemma

Von einem Dekolleté-Dilemma ist die Rede, wenn sich eine Frau ein relativ weit ausgeschnittenes Oberteil anzieht und dann:

– Ständig die Hände davor hält, damit niemand hin- oder hineinguckt.

– Sich darüber beschwert, dass jemand hin- oder hineinguckt.

– In eine Selbstbewusstseinskrise verfällt, weil jemand nicht hin- oder hineinguckt.

✖ Deodorismus

Während Männer ihren eigenen Körpergeruch nicht, kaum oder wenn als nicht störend wahrnehmen und diesen sogar mit einem gezielten Armheben und Kopf in die Achsel stecken aktiv genießen, versuchen Frauen, Körpergeruch zu vermeiden oder zu verschleiern. Geruchsverschleierung ist eine Form des Deodorismus. Deodorismus bedeutet aber auch, nicht nur den eigenen Geruch zu vermeiden, sondern gleichzeitig auch den des Partners sofort zu unterbinden. Selbst der Wunsch der Duftunterdrückung bei wildfremden Menschen kann bei fortgeschrittenem Deodorismus vorkommen, wie diese Beispiele aus der Vergangenheit beweisen:

Bei den Olympischen Sommerspielen von 1984 in Los Angeles attackierte eine unbekannte weibliche Person den deutschen Zehnkämpfer Jürgen Hingsen beim Speerwurf mit einem Deoroller, woraufhin dieser patzte und nur den zweiten Platz erreichte.

Die Frau des ehemaligen Verteidigungsministers der Bundesrepublik Deutschland, Loki Schmidt, veranlasste 1970 die Umbenennung des VW-Geländewagens der Bundeswehr in *VW-Iltis*, da der Verteidigungsminister Helmut Schmidt ablehnte, Deosprays in die Grundausstattung der Soldaten aufzunehmen.

✖ Depp-aholismus

Depp-aholismus ist eine der wenigen Frauenkrankheiten, die in zwei grundverschiedenen Ausprägungen vorkommt. Es muss zwischen Depp-aholismus des Typus I und Typus II unterschieden werden.

Depp-aholismus I
Unter diesem Typus leiden Frauen, die attraktiv, clever, bewundernswert und erfolgreich sind, aber immer auf die gleichen Deppen hereinfallen.

Depp-aholismus II
Frauen, die unter dieser Ausprägung der Krankheit leiden, sind weder attraktiv, noch clever. Sie sind nicht bewundernswert und auch nicht erfolgreich, aber der festen Überzeugung, dass Johnny Depp der einzig für sie infrage kommende Partner sei.

✖ Dessousfäule

Liegt eine Dessousfäule vor, wird die Frau meist nicht ausreichend mit Spitzen- und/oder Seidenunterwäsche versorgt. Um diese Mangelerscheinungen abzustellen, empfiehlt es sich, der Frau zum Geburtstag mal wieder etwas Aufregenderes zu schenken als einen Amazon-Gutschein.

✖ Diät-Insuffizienz

Leidet eine Frau unter Diät-Insuffizienz, bedeutet dies in keiner Weise, dass sie nicht die Willensstärke aufbrächte, die sich selbst auferlegte Diät einzuhalten und somit Gewicht zu reduzieren oder zu halten. Diät-Insuffizienz ist die eingeschränkte Fähigkeit, ein gesundes Maß an Realitätssinn in eine Diät mit einzubringen. Untersuchungen haben ergeben, dass Diät-Insuffiziente ganz eigene Vorstellungen von Ernährung haben:

– Lebensmittel, die während des Kochens eingenommen werden, sind kalorienfrei.

– Pralinen, die man geschenkt bekommen hat, müssen verzehrt werden, um schlechten Karmawerten vorzubeugen. Sie bleiben vom Diätspeiseplan unberücksichtigt.

– Häagen-Dazs-Eis kann keinerlei Nährwert haben, da es sonst keinen gerechten Gott gibt.

– Sämtliche Kalorien von Pudding, Schokolade, Burgern und Torten gehen *nicht* in den Stoffwechsel ein, wenn sie durch ein Stück Obst oder Diätjoghurt neutralisiert werden.

– Schokolade gegen die schlechte Stimmung ist Medizin. Und Kalorien von Medikamenten dürfen nicht gezählt werden.

– Schokolade wird aus Kakaobohnen hergestellt. Bohnen sind Gemüse. Gleiches gilt für Kartoffelchips, die allerdings nicht aus Bohnen, sondern aus Kartoffeln sind.

– Haarshampoo kann Kalorienbomben entschärfen, wenn ausreichend Vitamine oder Fructis enthalten sind.

✖ Divisionszwang

Den meisten Frauen ist es nicht möglich, die Höhe einer Restaurantrechnung durch die Anzahl der Gruppenmitglieder zu teilen, zu ermitteln und pauschal zu entrichten. Der Divisionszwang beschreibt aber nicht die kognitive Unfähigkeit, den Betrag auszurechnen. Vielmehr ist es der Zwang, den *exakten Betrag* der individuell konsumierten Speisen und Getränke genau festzustellen, damit es gerecht zugeht. Dieser Umstand wird einerseits dadurch erschwert, dass die Menüs der Frauen oft nach eigenem Gutdünken komplett neu angeordnet wurden und diese Veränderungen auf dem Bon als »Diverses« aufgeführt sind.[10] Andererseits wurden viele der Haupt-, Vor- und Nachspeisen geteilt, getauscht oder gemeinsam verzehrt – ein Umstand der auf direktem Weg in die Weihen der höheren Mathematik führt. In vielen Fällen überschreitet die Zeit des Rechenprozesses den eigentlichen Weiberabend zeitlich um ein Vielfaches. Unschuldige Kellner werden dabei oft in den Prozess involviert und dienen den Divisionszwang-Erkrankten dann als Sündenbock. Er wird als unfähig hingestellt, die Grundrechenarten oder sogar seinen Job zu beherrschen.

---

10 Siehe auch → Speisekarten-Negierung

✖ Doppelbelastungbelastung

Die Doppelbelastung Beruf und Familie ist unumstritten eine große Herausforderung für Frauen. Nachsicht, Toleranz und Einfühlungsvermögen sind gefragt, besonders wenn Mütter alleinerziehend sind. Allerdings kann die Doppelbelastung sich zur Doppelbelastungbelastung auswachsen. Davon ist die Rede, wenn eine Mutter bei jeder sich bietenden Gelegenheit erwähnt, in welch schwieriger Situation sie sei, und diese unbotmäßig als Vorwand einsetzt, um in ihren Verantwortungsbereich fallende Arbeiten im Büro oder im Haushalt anderweitig zu delegieren. Dies führt nicht selten zu einer chronischen Erkrankung.

Diagnose

Die Standardaussage der doppelt belasteten Mutter lautet: »Nein. Als Frau mit der Doppelbelastung, Job und Kinder unter einen Hut zu bekommen, kann ich das leider nicht machen.« Die Schwierigkeit für Außenstehende besteht nun darin, eine normale und notwendige Erwähnung der Doppelbelastung von einer krankhaften zu unterscheiden.

Hier einige Beispiele, wann das Argument der Doppelbelastung greift ∅ und wann es pathologisch, also zur Doppelbelastungbelastung wird ⊗.

– Mit Kollegen noch auf ein Bier ausgehen. ∅

– Den Kunden mit der Knoblauchfahne bedienen. ⊗

– »Der Kollege Huber in Amtszimmer 12 bewegt sich nicht mehr. Wer mag mal gucken, ob der noch lebt?« ⊗

– »Heute müsste jemand eine Überstunde machen, um die angesammelten Aktenvorgänge vom Kollegen Huber abzuarbeiten.« ∅

– »Jemand müsste vielleicht mal der Huberin Bescheid sagen!« ⊗

– Mit der Huberin noch auf ein Bier ausgehen. ∅

Die Doppelbelastung und Doppelbelastungbelastung hält die Erkrankte jedoch in keinem Fall davon ab, unverzüglich beim Chef wegen des freigewordenen Büros vom Huber vorzusprechen.

✖ Drapierzwang

Einen Drapierzwang erkennt der Laie daran, dass in einer penibel geputzten, aufgeräumten und gepflegten Wohnung irgendwo ein Detail auffallend achtlos drapiert wurde, um den Anschein eines ungezwungenen Umgangs mit Sauberkeit zu erwecken. Oft handelt es sich dabei um Bücher, Zeitschriften oder eine scheinbar achtlos hingeworfene Decke auf dem Sofa. Findet man in einer sehr aufgeräumten Wohnung hingegen haufenweise ungewaschene Socken, Chipstüten und leere Getränkedosen, lässt dieser Umstand nicht auf Drapierzwang schließen, sondern auf die Anwesenheit eines halbwüchsigen Kindes oder eines Ehemannes mit eigenem Bereich.

✖ Du-fährst-Disorder

Findet eine aushäusige Feierlichkeit statt, bei der Genuss von Alkohol obligatorisch und vorhersehbar ist, werden durch die Du-fährst-Disorder die Regeln des demokratischen Miteinanders automatisch außer Kraft gesetzt. Mit einem deutlichen

»Du fährst!« weichen diese dem Wer-zuerst-kommt-mahlt[11]-zuerst-Gesetz!

Angeführte Argumente wie

– »Ich bin aber schon das letzte Mal gefahren!«

– »Du, die haben ein Gästezimmer!«

– »Wir fahren mit dem Taxi heim. Ich kann das Auto ja morgen beim Joggen holen?«

– »Ich brauche meinen Lappen dringender als du.«

werden durch verschiedene Totschlagargumente der Erkrankten ausgehebelt. Stattdessen zeigt die Krankheit ihr hässliches Gesicht:

– »Musst Du immer saufen? Du fährst.«

– »Taxi ist zu teuer. Du fährst.«

– »Nein, ich will aber lieber in meinem Bett schlafen. Du fährst.«

– »Hin fahr ich vielleicht. Du fährst auf jeden Fall heim.«

– »Pfff. Mir doch egal. Du fährst.«

– »Sind das meine oder deine Freunde?[12] Na also. Du fährst.«

Prävention / Therapie
Erpressung ist die einzige Methode, die sich im Fall der Du-fährst-Disorder bewährt hat. Zum Beispiel, indem man bereits zu Hause eine halbe Flasche Jägermeister auf Ex trinkt.

---

11 Hier bestand die verantwortliche Redakteurin auf eine Schreibweise des Wortes mahlen mit »h«. Sie wusste schlicht nicht, dass ein Müller in früheren Zeiten immer ein paar Filzstifte und Papier zum Zeitvertreib für die wartenden Bauern bereit hielt, damit diese ein bisschen malen konnten, während ihr Getreide mahlte.

12 Vorsicht Falle! Es ist egal, wessen Freunde es sind! Wäre die Antwort des Mannes »meine«, würde sie sagen: »Ja, dann lass mich doch auch mal mit denen feiern!«

✖ Du-könntest-mal-Manie

Die Du-könntest-mal-Manie ist die Unfähigkeit, einen konkreten Wunsch als solchen auszudrücken. Vielmehr wird dem Wunsch der Anschein einer Option gegeben. Der Mann soll glauben, die Erfüllung des Wunsches kann nach Gutdünken und ohne festen Zeitpunkt durchgeführt werden. Die Folge: Wünsche werden vom Mann nicht konkret wahrgenommen, vergessen, verschoben oder als Option aufgefasst, deren Erfüllung nach Gutdünken und ohne festen Zeitpunkt durchgeführt werden können.[13]

Betroffene drücken ihre Du-könntest-mal-Manie in verschiedenen Formen aus. Die häufigsten sind:

— Du könntest mal …

— Wenn du Lust hast, könntest du …

— Wenn du mal Zeit hast/hättest, könntest du …

— Möchtest du nicht mal …

Als Folge der Krankheit ergibt sich eine allgemeine Verstimmung, da ein Automatismus einsetzt, der in folgenden Sätzen seine Klimax findet:

— Hast du jetzt schon...?

— Wolltest du nicht...?

— Was ist eigentlich mit dem...?

---

13 Bemerkenswert ist, dass in sehr frischen Beziehungen, in denen ein sehr milder Umgang gepflegt wird, paradoxerweise Wünsche sehr direkt geäußert werden: »Magst du das für mich machen? Gleich? Du bist so lieb!«

– Wie oft muss ich dich eigentlich noch bitten, dass ...?

– Ich hab's satt, dich ständig daran erinnern zu müssen, dass du...!

Die Erkrankung ist im privaten Bereich ungefährlich, geschäftlich und mit Eintritt vieler Frauen und somit vieler Betroffener in Führungspositionen sind die Konsequenzen jedoch oft fatal. Etwa bei der Bundeswehr:

– »Wir könnten eigentlich mal den Fallschirm öffnen.«

– »Wenn Sie Lust haben, könnten sie doch mal die Rakete abfeuern.«

– »Wollten Sie nicht in Deckung gehen?«

Ähnliche, schwerwiegende Folgen der Du-könntest-mal-Manie sind bei ärztlichen Not- und Rettungsdiensten, Feuerwehr und Hochseilakrobaten bekannt geworden: »Wolltest du mich nicht fangen?« ...

✖ Durchfall

Durchfall gehört in die Reihe der Autoimmunerkrankungen und tritt bei Führerschein-Prüfungen auf. Auslöser für Durchfall bei Frauen sind:

– Die Bitte des Fahrprüfers, links abzubiegen.

– Zebrastreifen mit Passanten darauf übersehen.

– Tempo 30 außerhalb von geschlossenen Ortschaften.

– Rotschwäche

– Parkinsohn

Prävention / Therapie
Die BahnCard 50.

Echoismus

Echoismus tritt ausnahmslos bei allen Frauen auf, die sich gemeinsam über den Kauf eines Kleidungsstücks beraten. Dabei werden Emotionen zunächst bestätigt, verstärkt und dann wieder infrage gestellt. Ein exemplarischer echoistischer Anfall könnte sich in etwa wie folgt anhören:

Frau A: »Süßes Kleid.«

Frau B: »*Dassss* ist echt süß.«

Frau A: »Gaaanz süß.«

Frau B: »Hm. Süß, wirklich.«

Frau A: »Guck mal, wie süß, oder?«

Frau B: »Findste auch süß?«

Frau A: »Ja, nicht, oder?«

Frau B: »Ja weiß nicht, schon süß, ir-gend-wie?«

Frau A: »Schon süß, aber ich weiß jetzt auch nicht.«

Frau B: »Hm. Weiß nicht.«

Frau A: »Vielleicht doch nicht, oder?«

Frau B: »Nö, das ist es nicht.«

Frau A: »Hm.«

Frau B: »Nö, nö.«

Frau A: »Nö.«

Frau A: »Aber guck mal, das hier ist jetzt aber echt süß!«

Frau B: »Ja, das ist ein süßes Kleid!«

Frau A: »Gaanz süß.«

…

✖ Ehe-Wahn

Der Ehe-Wahn – auch als Liz-Taylor-Syndrom bekannt – ist eine beinahe ausgerottete Suchtkrankheit. Den von Ehe-Wahn befallenen Frauen reicht es nicht aus, dass ihnen ein Mann tagtäglich sagt, wie sehr er sie liebt. Sie wollen es schriftlich. Auf möglichst vielen Heiratsurkunden.

Heute tritt Ehe-Wahn meist nur noch einmalig im Vorfeld von → Keuschhusten auf.

Krankheitsverlauf

Ehe-Wahn hat zunächst eine sehr positive Auswirkung auf das Selbstbewusstsein der Betroffenen. Da dieser unter Fachleuten als Ego-Boost bekannte Effekt jedoch im Ehe-Alltag schnell verschwindet, sucht die vom Ehe-Wahn befallene Frau nach einem neuen Kick. Diesen kann sie sich nur durch eine erneute Heirat verschaffen. Ein Teufelskreis, aus dem es nur schwer ein Entrinnen gibt.

Therapie

Die bisher einzig erfolgreiche Therapie gegen Ehe-Wahn: Bis dass der Tod sie scheidet.

✖ Eincremeritis

Eine Eincremeritikerin erkennt man daran, dass sie nicht nur eine Tages- und eine Nachtcreme benutzt oder zusätzlich eine Gesichts- und Körperlotion. Eine an Eincremeritis leidende Frau hat: Maybelline Jade für müde Kniekehlen, L'Oréal Age für eine jugendlich aussehende Magenschleimhaut, CD für einen zarten Hinterkopf und die revitalisierende Estée Lauder Supreme Creme mit Ginkgo und Kamille für spröde Schwiegermütter. Nimmt man alle Cremes zusammen, die eine Eincremeritikerin in ihrem Leben verbraucht, könnte man damit leicht eine Falte, vergleichbar mit der Größe des Marianengrabens, komplett auffüllen.

✖ Einflussnahmeritis

Befragt man eine Frau, ob sie den Bauch, den Kleidungsstil, die Haartracht oder den Literaturgeschmack ihres Partners beeinflussen möchte, wird sie heftig widersprechen und ins Feld führen, dass sie nur *Vorschläge* einbringt. Diese *Vorschläge* sind allerdings häufig an Bedingungen oder Konsequenzen gekoppelt: *Wenn du dieses T-Shirt anlässt, kannst Du allein ausgehen.*

Prävention / Therapie
Jeder Widerstand gegen Einflussnahmeritis ist zwecklos. Nicht wenige Männer lassen sich daher von ihren Frauen morgens die Sachen rauslegen, die sie tagsüber anziehen sollen.

✖ Eingeschränkte Frankophobie

Viele Frauen pflegen eine offene Vorliebe für Franzosen. Sie lieben deren charmante Art, den französischen Lebensstil und deren Akzent, den sie als »sexy« empfinden. Dies ist die »Einschränkung« der eingeschränkten Frankophobie. Denn gleichzeitig finden sie unerklärlicherweise die charmante Art, den französischen Lebensstil und den sexy Akzent der Französinnen total Scheiße.

✖ Einschnapp-Atmung

Die Einschnapp-Atmung ist eine Störung des Sauerstoffwechsels, bei der es durch einen stark negativen emotionalen Reiz zu Fehlatmungen kommt. Die dadurch verursachte Sauerstoffverknappung im Blut versucht der Körper durch rhythmisches und lautes Einsaugen der Luft zu kompensieren. Oft müssen die Betroffenen zusätzlich die Arme vor der Brust verschränken und den Kopf senken, um nicht sprichwörtlich »an ihrer Wut zu ersticken«.

Vorkommen
Die Krankheit tritt oft im Zusammenhang mit → Kumpelallergie sowie → Sportwagen-Überempfindlichkeit auf.

Prävention / Therapie
Einschnapp-Atmung wurde früher von Alchimisten oder sogenannten Badern mit kräftigen Ohrfeigen behandelt. Diese »Heilmethode« gilt heute jedoch als äußerst kritisch und veraltet. Stattdessen wird die Krankheit meist sehr erfolgreich mit einer kurzen, glaubhaften Entschuldigung kuriert.

✖ Emotions-Newsletter

Frauen sind in der Lage, ihre nächste Umgebung 24 Stunden am Tag, 7 Tage die Woche und 365 Tage im Jahr über ihre aktuelle Gefühlslage am Laufenden zu halten. Tritt eine geringe Schwankung ein, geht augenblicklich eine SMS oder Mail heraus, wird fernmündlich Bescheid gegeben oder spontan eine Sitzung einberufen. Frauen sind beispielsweise nicht im Geringsten überrascht, von einer Freundin eine SMS mit dem Inhalt »Ich hab dich lieb« zu erhalten. Sie würden insofern nicht mit »Ey! Spinnst du?« antworten, sondern eher »Ich dich auch.«

✖ Entspannungs-Burnout

Die Anzahl der Menschen, die Yoga betreiben, hat in den letzten zehn bis zwanzig Jahren deutlich zugenommen: Viele Männer und Frauen kommen durch konzentrierte Leibesübungen mit den Anforderungen des Alltags leichter zurecht und fühlen sich körperlich in besserer Form.

Allerdings hat im Zuge dessen auch die Anzahl der Frauen, die es mit Yoga übertreiben, zugenommen. Viele Frauen betreiben Yoga, autogenes Training, Meditation und Tiefenentspannung in einem derartigen Ausmaß, dass sie ein sogenanntes Entspannungs-Burnout erleiden – sie entspannen bis zur totalen Erschöpfung. Diese Krankheit ist ebenso im Tierreich bei den Katzen bekannt und zu beobachten.[14]

✖ Erröteln

Erröteln nennt man die krankhafte, stark erhöhte Durchblutung des weiblichen Kopfes. Das Erröteln zählt zu den klassischen Frauenkrankheiten. Es tritt verstärkt in der Pubertät und bei jungen Frauen auf, bevor es dann mit zunehmendem Alter immer seltener wird und schließlich ganz verschwindet.

---

14 Vergleiche auch → Yogawahn

Die zehn häufigsten Ursachen für Erröteln sind:

– Die Artikel von Dr. Sommer in der *Bravo*.

– Von seinem Schwarm in der Schulpause angeschaut werden.

– Im Alter von 17 Jahren noch mit den Eltern in Urlaub fahren müssen.

– Die ersten 600 Fahrstunden.

– Bücher von Charlotte Roche.

– Filme mit Johnny Depp.

– Pupsen in der Öffentlichkeit.

– Guter Sex.

– Die sich selbst erRötelnde Prophezeiung (der bloße Hinweis auf Erröteln).

– Das Ertönen des Wortes »Glied« in einem laut vorgelesenen Text.

Besonders schwere Schübe des Errötelns führen zusätzlich zu → Herzklopfen.

✖ Erworbene Feierschwäche

Die erworbene Feierschwäche ist eine erhebliche Minimierung des Feierverhaltens im Vergleich zu einem in der Vergangenheit liegenden Zeitpunkt. Erworbene Feierschwächen stellen sich meist in bestehenden Beziehungen ein. Der Verlauf ergeht häufig schleichend und lässt sich vereinfacht auf einem Zeitstrahl darstellen:

Vergangenheit		Gegenwart	Zukunft
			Zeitverlauf leicht gerafft
Zeitpunkt des Kennen-lernens	**Beginn der festen Beziehung**	**Istzustand**	**Zustand nach der Beziehung**
Party ohne Ende; Frau trinkt gerne Alkohol, tanzt und hält bis zum nächsten Morgen durch.	Selten Party; Frau schlägt immer häufiger Ku-schelabende und ein schönes Glas Rotwein vor.	Spätestens ab 22:30 Uhr Verlassen einer Veranstaltung; gemeinsames Fernsehen.	Frau trifft sich wieder mit ihren alten Freunden; feiert bis tief in die Nacht; lernt einen neuen Partner kennen.

✖ Esoterikdemenz

Leidet eine Frau unter Esoterikdemenz, ist sie bereit, jeder spirituellen oder okkulten Praxis Glauben zu schenken, ohne ein einziges Mal bei Wikipedia nachzugucken.

✖ Euronische Störung

Unter euronischer Störung versteht man das unterschiedliche Selbstverständnis der Geldausgabe zwischen Mann und Frau. Während ein Mann leichthin einen überhöhten Preis akzeptiert, weil er das Konsumgut dringend haben möchte, bezahlen Frauen eher den extrem herabgesetzten Preis eines Sonderangebotes, das sie nicht im Geringsten brauchen.

Extreme Gemeinheit

Von extremer Gemeinheit im pathologischen Sinne ist dann die Rede, wenn Frauen extrem gemein sind.
Beispiele:

Situation:	Extrem gemein:
Der Mann grübelt, entspannt oder hängt keinem Gedanken nach. Das System Mann ist heruntergefahren.	Die Frau will seine Aufmerksamkeit und ruft »Ui, eine Hilti im Sonderangebot!«
Das Paar hatte Sex, der Mann möchte gern ein wenig postkoital schlummern.	Die Frau rollt ihn zu sich und platziert ihn als lebendes Häkeldeckchen auf dem feuchten Fleck.
Das Paar trifft sich in einer Bar. Mit seinen Freunden.	Plötzlich erfindet sie einen Kosenamen: »Bestell mir auch ein Bier, mein kleines dickes Schnurzelbärchen.«
Sie streiten sich. Er gewinnt irgendwie die Oberhand bei der Diskussion.	Sie zückt das Todesargument: »Hm. Toll. Das hätte jetzt aber genauso von deinem Vater kommen können.«
Seine Freunde fachsimpeln über ihre schweren Harleys.	Sie zu ihrem Freund: »Mensch, hast du eigentlich dein geiles Mofa noch?«
Ein Orgasmus	Multiple Orgasmen

 # Exvertebralis

Exvertebralis bezeichnet den pathologischen Wirbel, den Frauen um die Exfreundin ihres Partners machen. Eine akute Exvertebralis erfolgt oft aus einer unauffälligen Normalsituation heraus und wird einzig durch die spontane Erscheinung der Exfreundin ausgelöst.

Symptome

Die von der Exvertebralis betroffene Frau durchlebt im akuten Fall eine progressive Metamorphose:

– Eine spontane Kontraktion der Gesichtsmuskeln löst ein → temporales Duckface aus.

– Der gesamte Körper der Frau strafft sich. Busen und Bauch gehen reflexhaft in die jeweilige orthopädische Optimalposition.

– Unabhängig von der Gefühlslage vor dem Exvertebralis-Anfall, wie etwa Missstimmungen, leicht aggressive Diskussionen, allgemeine Übellaunigkeit oder Gereiztheit, trägt die Frau nun stattdessen eine extrem wohlmeinende Einstellung zu ihrem Partner nach außen.

– Auch die Exfreundin wird gleichwohl freundlich und wohlmeinend begrüßt. In einzelnen Fällen konnte allerdings ein stomatologisches[15] Faszinosum nachgewiesen werden: Beiden Frauen wuchsen spontan zentimeterlange, rasiermesserscharfe Fangzähne.

Prävention / Therapie

Die Exvertebralis ist eine Reaktion des vegetativen Nervensystems und ebenso wenig bewusst steuerbar wie Blutdruck, Schweißabsonderung oder telefonieren.

Als präventiv wirksam hat sich gezeigt, sämtliche Symptome zu ignorieren und die Situation eventuell ein bisschen zu genießen.[16]

---

15 »Stomatologie« ist die Zahnheilkunde.

16 Allerdings sollte man es mit dem Genießen nicht übertrieben und schon gar nicht auf den Gedanken kommen, mit beiden Frauen einen Kaffee trinken zu gehen.

✘ Felline Posteritis
(Kätzchenbilderitis)

Unter Kätzchenbilderitis versteht man das zwanghafte Anse-
hen, Verbreiten, Aufhängen und Ausstellen von Katzenbildern in
Überlebensgröße. Die Bilder zeigen in ihrer Mehrheit vor allem
sehr junge Katzen.

Verlauf

Der Verlauf der fellinen Posteritis ist chronisch-progredient: Das
heißt, die Erkrankten leiden ab einem Frühstadium in der Kind-
heit bis ins hohe Alter an den Symptomen. Besonders hartnäckig halten sich bei der fellinen Posteritis Motive, bei denen
sich eine Katze in einer misslichen Situation befindet. Sei es,
dass sich ein Jungtier in Wolle verheddert, Zuflucht in einer
Schachtel findet oder in ein anderes, ungeeignetes Behältnis
geraten ist (alte Stiefel, Töpfe, Hundekörbe voller Hunde). Die
Realität wird dabei nicht abgebildet. So fehlen vollständig Bilder
von Katzen, die gerade eine Maus verspeisen, Haarbüschel auf
dem Teppich hervorwürgen oder sich geschickt mit der Zunge
den Anus reinigen.

Warum dieser Zwang zur idealisierten Abbildung sich nahezu ausschließlich auf Katzen manifestiert (mit einigen wenigen
Ausnahmen wie Welpen, Küken oder jugendliche Ballett-Tän-
zerinnen), ist der Wissenschaft bislang nicht bekannt. Plakate,
die ähnliche Motive abbilden, wurden von den Erkrankten während eines Feldversuches durchweg abgelehnt. Auch, wenn et-
waige Motive nur geringfügig vom Kätzchenbilderitis-Schema
abwichen:

- Ein Feuersalamander-Junges in einem Schuh.

- Zwei mit großem Eifer spielende Kartenspieler (Schafkopf).

- Ein buntes Wollknäuel, in dem sich eine Seniorin verfangen hat.

- Ein kleiner, flaumiger aus einer Schachtel spitzender Camembert.

Große Ablehnung zeigten die Testpersonen außerdem bei Bildern, die Mitglieder einer männlichen Kontrollgruppe hingegen durchweg positiv bewerteten:

- Ein Bugatti Veyron in Höchstgeschwindigkeit auf einem Salzsee

- Ein paar frische Weißwürste mit süßen Senf, einer Laugenbrezel und einem frischen Weißbier

- Eine junge Frau mit zwei Körbchen ohne Katzen

Verbreitung

Oft geben Frauen mit felliner Posteritis einem missionarischen Verbreitungswunsch nach. Sie verbreiten Kätzchenbilder im Internet und verschicken diese als PDF-Datei, Powerpoint-Präsentation oder sogar als kurze, unprofessionell aneinandergeschnittene Filmsequenzen. Erhalten sie selbst fellines Material, stoßen sie für die Krankheit typische Süüüüß-oh-wie-süüüüüß-Rufe aus. Abhilfe schafft hier allenfalls ein Spamfilter. Eine Heilung der Erkrankten stellt sich entweder von alleine ein oder gar nicht. Felline Posteritis kann bis ins hohe Alter einer Frau andauern. Die Anschaffung einer Katze lindert die Symptome kaum und kann diese sogar noch verstärken.

✖ Feminines Fußball-Fieber (FFF)

Noch vor 20 bis 25 Jahren wurde feminines Fußball-Fieber etwa ebenso selten diagnostiziert wie femininer Hodenhochstand. FFF ist eine moderne Krankheit, mit einem gewissen Grad an Ambivalenz. So wie jedes Fieber einen Nutzen hat, kann auch das Fußball-Fieber sehr nützlich sein: Mit einer begeisterten, sachkundigen Frau ein spannendes Fußballspiel anzusehen ist wesentlich angenehmer als mit einer laut telefonierenden.
FFF ist dennoch eine Krankheit, die man ernst nehmen sollte. Mittlerweile gehen Mediziner stark davon aus, dass die Erkrankung direkt auf das fußballerische Geschehen auf dem Spielfeld Einfluss nimmt.

Diagnose
FFF ist begleitet von absolutem Unwissen über Fußball. Die Diagnose ist für den Laien vergleichsweise einfach: Bei einer am FFF erkrankten Frau ist deren Blick auf den Fernseher gerichtet. Die Kommentare, die sie zum Spiel abgibt, lassen den Partner aber vermuten, sie würde mit einer Freundin telefonieren, die ein komplett anderes Spiel beobachtet. Die Aufmerksamkeit der FFF-Frauen richtet sich dabei nicht auf die gleichen Parameter wie die des Mannes. Vielmehr geht die FFF-Erkrankte davon aus, dass es sich bei der Viererkette um ein Schmuckstück handelt, welches man ihr ruhig auch mal zum Geburtstag schenken könnte. FFF ist mittlerweile epidemisch. Somit ist die Krankheit nicht nur ursächlich für eine häusliche Wahrnehmungsveränderung des Fußballspiels, sondern wirkt sich auch auf den praktizierten Profifußball aus.

Auswirkungen

– Natürliche Frisuren wie die von Völler, Beckenbauer und Breitner sind vom Fußballplatz verschwunden. Stattdessen sieht man Spieler wie Mario Gomez, die sich bei Spielunterbrechungen vom Betreuer einen Fön zuwerfen lassen.

– Viele Spieler, die durch ein Tackling zu Boden gegangen sind, richten sich beim Aufstehen nicht mehr Stutzen und Schienbeinschoner, sondern den Haarreif.

– Trainer sitzen nicht mehr in ihrer Berufskleidung, dem Trainingsanzug, auf der Bank, sondern in Anzügen oder Slimfit-Hemden mit eng sitzenden Hosen und Weltmannpullover.

– »Nach dem Spiel ist vor dem Spiel« hat eine andere Bedeutung angenommen. Bei Interviews nach dem Spiel sind die Spieler geduscht, umgezogen und durften Marios Föhn benutzen. Sie sehen aus wie vor dem Spiel.

– Theatralisches Ausziehen der Trikots, Heldenposen und überzogenes Imponiergehabe nach einem Tor. Als sinnbildlich hierfür steht der Balotelli-Effekt. ´

– Die Spieler leiden immer öfter an exotischen Krankheiten, wie etwa der Schambeinentzündung, die früher niemals bei Männern vorkam.

Prävention / Therapie
Noch mehr Bier.

✖ Feminismus-Apnoe

Als Feminismus-Apnoe wird das kurzzeitige Aussetzen des gesunden Feminismus einer Frau bezeichnet. Oft ist Feminismus-Apnoe verbunden mit Schnappatmung, kurzzeitiger Kleinmädchenstimme oder einem Zustand allgemeiner Verwirrtheit. Der Feminismus-Apnoe können verschiedene Auslöser vorausgehen. Hier einige Beispiele:

- Nächtliche Geräusche im Haus, auf dem Campingplatz oder unter dem Bett.

- Programmierung des Sendersuchlaufes, die Zeitumstellung (Sommerzeit/Winterzeit) sämtlicher im Haus befindlicher Uhren.

- Das Abwenden von Strafzetteln und anderen kostenpflichtigen Verwarnungen.

- Überhaupt, wenn Uniformen recht gut sitzen.

- Windows

✖ Fettablagerung

Beinahe 100 Prozent aller Frauen leiden unter krankhaften Fettablagerungen. Sie unternehmen keinerlei Versuche, ihre unansehnliche, ekelerregend schwabbelige Haut, haufenweise schlaffes Bindegewebe und allerlei Fettbatzen zu kaschieren. Statt sie unauffällig auf ihrem Tellerrand liegen zu lassen, lagern sie ihre Essensreste ungefragt mitten im Teller ihrer Partner ab. Oft wird diese Handlung mit dem scheinheiligen Satz begleitet: »Magst Du noch was von mir?« In besonders schweren Fällen wurde auf den Fettablagerungen bereits ein oder mehrere Male gekaut.

✖ Filmaction-Aversion

Leidet eine weibliche Person unter Filmaction-Aversion, lehnt sie Actionszenen und brutale Sequenzen innerhalb eines Spielfilms weitgehend ab. Die Filmaction-Aversion lässt sich diagnostizieren, wenn Filme als angenehm bewertet werden, deren Handlung zwischenmenschliche Gefühle klar fokussiert sowie viele tiefgründige oder feinfühlige Dialoge beinhaltet. In nicht wenigen Fällen ist es den an Filmaction-Anämie Erkrankten sogar lieber, dass statt der Welt eine irgendwie beschissene Beziehung gerettet wird.

✖ Filzläuse

Ist eine Mutter nicht dazu in der Lage, ihren Kindern den korrekten Umgang mit Stiften beizubringen, so ist sie von Filzläusen befallen. Deren Spuren können von Zwischenwirten klar identifiziert werden: Sie bemalen Türen, Möbel und vorzugsweise frisch gestrichene oder tapezierte Wände. Von Filzläusen befallene Hauptwirte (Eltern) sind hingegen oft von einer optischen Agnosie betroffen und nehmen die Spuren selbst nicht wahr. Filzläuse selbst sind nur extrem schwer übertragbar. Ausschließlich enge Verwandte, Freunde und Kindergärten können episodisch befallen sein.

✖ Fingerfilter

Die Erkrankte sieht sich bei der Fingerfilter-Erkrankung weite Teile eines zur Furchterregung, Angst oder Verstörung geeigneten kinematografischen Werkes (Gruselfilm) durch einen schmalen Schlitz zwischen ihren gespreizten Fingern an. Diese hält sie dazu vor ihre Augen.

Prof. Hilmar Papenköder, ein international anerkannter Neurologe, berichtete dazu: »Man sollte keine Krankheit auf die leichte Schulter nehmen, als albern abtun oder herunterspielen. Auch eine auf den ersten Blick harmlos erscheinende Fehlfunktion wie der Fingerfilter sollte genauestens untersucht werden. Schließlich können sich hinter einem einfachen Symptom eine ganze Reihe weiterer Störungen herausbilden.«

Hilmar P. stellte sich selbst für eine wissenschaftliche Versuchsanordnung zur Verfügung. Er sah sich einen Gruselfilm zunächst wie gewohnt und dann, um die Spannung aufrecht zu erhalten, einen anderen, aber ähnlichen Film unter den gleichen Bedingungen wie eine Erkrankte an. Der Professor simulierte eine möglichst authentische feminine Horrorfilmsituation. Dazu stellte er Yoguretten, Paprikachips und Cola light bereit, nahm auf einem Sofa Platz, legte sich ein Kissen auf den Bauch, zog die Knie an die Brust und betrachtete den gesamten Film aufmerksam durch seine Finger.

Die Ergebnisse der Studie:

– Blut, das während eines Gemetzels fließt, ist weder farbintensiver noch irgendwie anderweitig authentischer.

– Gewaltsame Tötungsdelikte gewinnen durch die Finger kaum bis überhaupt nicht an Dramatik.

– Die Hoffnung, die Zombies würden mehr Angst auslösen, haben sich leider nicht bestätigt.

Es sind keinerlei gruselige Details eines Monsters, Mörders oder Schlächters sichtbar geworden, die dem Betrachter ohne die Fingersicht vielleicht entgangen wären. Die einzige Warnung, die Papenköder aussprechen kann: »Mir traten sehr oft und sehr heftig Tränen in die Augen. Benutzen Sie daher lieber immer die gleiche Hand zum Hindurchgucken und essen Sie die Paprikachips nur mit der anderen.«

✖ Flaschenhalskrankheit

Lediglich 23 Prozent aller Frauen verfügen über die Fähigkeit, effektiv aus einer Bier- oder Wasserflasche zu trinken. Dabei unterscheiden sich die Flaschenhals-Dysfunktionen, abhängig von der angewandten »Technik«, erheblich. Die Betroffenen haben jedoch keinerlei Probleme, die Flasche an den Mund zu führen, oder eine notwendige Kippbewegung motorisch einwandfrei zu vollziehen. Die Symptome der Krankheit finden sich ausschließlich bei der Mund-Flaschen-Verbindung[17].

Symptome
Trinkfehlverhalten bei Flaschenhalskrankheit, üblicher Verlauf in den Stufen A bis E (mehrere Trinkversuche der Stufen A bis E sind möglich; auch werden einzelne Phasen übergangen oder wiederholt):

---

17 Diese Krankheit finden die meisten Männer unglaublich niedlich und müssen nahezu zwanghaft zugucken. Betroffene Frauen fühlen sich dadurch noch mehr verunsichert und reagieren meist gereizt.

A) Die Oberlippe wird unter großem Druck an der Flaschenöffnung angepresst und dichtet sie ab. Es erfolgt kein Bier-
austritt in den Mund.

B) Ober- und Unterlippe gelangen teilweise in die Flaschenöffnung (Kussmundform) und verschließen sowohl diese als
auch den Mund selbst. Es tritt kein Bier aus. Akute Atemnot
stellt sich ein.

C) Die Oberlippe wird ausreichend locker an der Flaschenöffnung angesetzt – allerdings ohne die ausreichende Unterstützung der Unterlippe (Unterlippenflunsch). Bier ergießt
sich unkontrolliert.

D) Die Flasche wird auf die Unterlippe aufgesetzt (korrekt),
allerdings ohne gleichzeitige Membranwirkung der Oberlippe. Bier kann in die Nase eintreten.

E) Beide Lippen werden über die Flasche gestülpt. Durch Kipp-
bewegungen gelangen geringe Mengen Bier in den Mund.
Schnappatmung tritt ein.

Konklusion

Betroffenen Frauen ist es nicht möglich, einen korrekten Trink-
vorgang einzuleiten und notwendige Vorgänge zu koordinieren.
Der Vollständigkeit halber sollen diese hier kurz beschrieben
werden:

1. Flaschenöffnung auf dem Unterlippenflunsch ansetzen.

2. Unter Zuhilfenahme der Oberlippen-Außenseite den gewünschten
Bieraustritt/Lufteintritt membranartig regulieren.

Prävention / Therapie

Einer Heilung steht de facto entgegen, dass viele Betroffene die Krankheit leugnen, keinerlei Handlungsbedarf sehen und ihr Leiden mithilfe eines Glases vertuschen[18].

✖ Flatulenzhemmung

Als Flatulenzhemmung wird die Unfähigkeit der Frauen bezeichnet, freudig Gase rektal aus dem Körper zu entlassen. Anthropologen vermuten, dass dies ein Überbleibsel aus der frühesten Menschheitsgeschichte ist. Ein derart lautstarkes Verhalten wäre in den Verstecken der schutzlosen Frauen und Kinder lebensgefährlich gewesen. Die Frauen waren darauf angewiesen, ihre Flatulenzen in möglichst kleinen, unauffälligen Dosierungen abzulassen. Oft entfernten sie sich dabei sogar kurz vom Schutz der Gruppe, um die Allgemeinheit nicht zu gefährden. Bis in die heutige Zeit ist das aggressive Verhalten gegenüber dem flatulierenden Partner vermutlich ein angeborener Schutzreflex, dessen Frauen sich nicht erwehren können.

✖ Flipfloperei

Die Flipfloperei ist ein Kuriosum unter den Krankheiten. Die Natur hat es so eingerichtet, dass Frauenfüße im Sommer sowohl in gesundheitlicher als auch ästhetischer Hinsicht bestens

---

18 Dennoch ist ein Trend zu beobachten, dass sich Frauen gegenseitig Hilfestellungen bieten, zum Beispiel bei Organisationen wie dem »Stuttgarter Frauenwirtshaus« oder den Selbsthilfe-Initiativen »Emma Helles« und »Brigitte Bottle«.

bekleidet werden können. Sie verfügen über Riemchensandalen, Ballerinas und anderes optisch-orthopädisch einwandfreies Schuhwerk. Aus wissenschaftlich und stilistisch nicht nachvollziehbaren Gründen tragen viele Frauen trotzdem Flipflops. Diese pathologische Flipfloperei gilt nur dann *nicht* als ästhetische Fehlfunktion, wenn die Flipflops ausschließlich zu einem *Badeanlass* getragen werden.

✖ Fotofinger

Der Fotofinger gehört zu den Zwangsstörungen. Die betroffenen Frauen sind nicht in der Lage mehr als fünf Urlaubsfotos zu machen, ohne ihren Finger vor die Linse des Fotoapparates zu legen. Und neben dem Urlaubsmotiv (Manfred vor der Pyramide / Manfred sitzend im Café / Beweisfoto Nr. 508 im Prozess gegen Manfred wegen Popelns in der Öffentlichkeit[19]) eben auch ihren Finger ablichten.

Fotofinger ist nicht gefährlich. Die Krankheit mindert jedoch die Qualität von Foto-Abenden erheblich.

Prävention / Therapie

Fotofinger ist nicht therapierbar. Zwar führt der Hinweis »Renate, du hast schon wieder den Finger auf der Linse« zu zwei bis drei fotofingerfreien Bildern, dann jedoch wandert der Finger wieder automatisch vor die Linse.

---

19 Siehe hierzu auch → Popel-Phobie

✖ Fotosucht

Fotosucht – auch als Red-Carpet-Syndrom bekannt – ist eine vor allem unter prominenten Frauen immer mehr um sich greifende Suchtkrankheit. Ausgelöst wird die Fotosucht durch Blitzlichtgewitter. In der Hoffnung, die Aufmerksamkeit von Fotografen zu erregen, verlieren die Opfer der Krankheit jegliche Hemmungen. Klassische Symptome sind das wissentliche Herbeiführen von → Lidschatten oder → chronischem Haarschaden, die → Botoxitis und der → Silikon-Busen. Doch das ist nur der wahrnehmbare Teil einer großen Vielzahl von Symptomen.

Symptomatisch für die Fotosucht sind:

– Der Verzicht auf das Tragen von Unterwäsche beim Verlassen eines tiefergelegten Fahrzeugs.

– Dauergrinsen

– Häufig wechselnde Lebensabschnittsgefährten

– Der Frau-zu-Frau-Zungenkuss

– Durchsichtige Kleidung

– Scheinbar unwillkürlich aus dem Dekolleté fallende Brüste unter dem Anschein der Absichtslosigkeit (sog. »Nippelgates«).

– Das Tragen von Kleidern, deren Ausschnitt am Rücken den Blick auf die Pofalte ermöglicht.

– Home-Storys

– Das Vortäuschen eines Babybäuchleins

– Anstelle einer Abendrobe ein »Free-Tibet«/»Save the Planet«/»I-Do-Everything-For-Money«-Shirt anziehen.

– Nacktaufnahmen unter dem Vorwand, nur für PETA Tiere schützen zu
wollen.

Krankheitsverlauf

Fotosucht ist eine Erkrankung, die in drei Phasen verläuft.

Rote-Teppich-Phase: Während der Roten-Teppich-Phase gelten Fotosüchtige als vollkommen ungefährlich. Sie posieren
bereitwillig und ausdauernd und verlieren in keinem Fall ihre
gute Laune. In der Roten-Teppich-Phase sind Fotosüchtige in
der Lage, 500 Mal in Folge auf ein und dieselben Fragen zu
antworten und dabei Enthusiasmus zu simulieren.

Baseballkappen-Phase: In der Baseballkappen-Phase legt die
Fotosüchtige extremen Wert darauf, bei normalen Tätigkeiten
wie dem Supermarktbesuch, dem Mittagessen im Ritz oder
beim Einkaufen bei Valentino fotografisch festgehalten zu werden. Typisch für diese Phase ist das Tragen einer Baseballkappe
und einer auffälligen Sonnenbrille sowie die Begleitung eines
160 Kilogramm schweren Bodyguards, um darauf hinzuweisen,
dass man ein Star ist, der versucht sich zu verstecken.

Fremdgeh-Phase: Befindet sich eine Fotosüchtige in der Fremdgeh-Phase, reagiert sie auf Kameras und Fotografen extrem
übellaunig und kann sogar handgreiflich werden. In dieser Phase müssen Fotografen unbedingt einen Sicherheitsabstand von
mehreren hundert Metern einhalten und können ihre Fotos
nur noch mit einem geeigneten Teleobjektiv machen.

Prävention / Therapie

Einfach immer draufhalten.

✖ Frageritis

Unter Frageritis versteht man den Zwang einer Frau, in latent unpassenden Situationen Erkundigungen einzuholen. Es handelt sich dabei um ein extrem komplexes Krankheitsbild, da die Frageritis in sehr unterschiedlichen Ausprägungen vorkommen kann. Die häufigste heute bekannte Form der Frageritis ist die sogenannte Frageritis maritalis. Sie tritt bei Frauen in Beziehungen oder beziehungsähnlichen Lebensgemeinschaften auf. Weitere wichtige Ausprägungen sind die sogenannte Frageritis cinematicus (Kino-Frageritis) und die Frageritis mobilis (Auto-Frageritis).

Frageritis cinematicus

Frageritis cinematicus tritt auf, sobald eine Betroffene in Anwesenheit eines männlichen Partners einen TV-Film anschaut oder aber eine öffentliche Kino-Vorführung besucht. Beginnt die Handlung des Filmes, begehrt die unter Frageritis cinematicus leidende Frau über jede Einzelheit genauestens aufgeklärt zu werden:

»Wer ist denn der Mann mit der Pistole?«

»Was ist das für ein Auto?«

»Warum küsst der Kommissar die Blondine?«

»Findest du die Brünette nicht auch viel hübscher als die Blondine?«

»Wieso weiß der Nachbar nicht, wer die Frau umgebracht hat?«

»Ich hab gerade nicht aufgepasst. Was ist denn gerade passiert?«

Prävention / Therapie

Die einzige Möglichkeit des Partners, den Film halbwegs ungestört zu genießen, besteht darin, die ersten dreißig Fragen hartnäckig zu ignorieren. Nach einer halben Stunde werden die Pausen zwischen den Fragen länger.

Nach einer Stunde ist der Frageritis-Anfall dann vollständig abgeklungen. Mit etwas Glück schläft die Betroffene zehn Minuten später auf dem Sofa oder im Kinosessel ein.

Vorsicht: Jede Antwort auf eine Frage führt zu einer Verlängerung des Frageritis-Anfalls um bis zu fünf Minuten. Dies gilt auch für den Hinweis, dass man die Antwort auf die Frage nicht kenne, man aber sicher sei, dass die Frage im Laufe des Filmes geklärt werde.

Die Aufforderung an die Partnerin, doch endlich die Klappe zu halten, unterbindet zwar den Frageritis-Anfall, führt aber zu einem akuten → Schmollmund.

Frageritis cinematicus tritt bei den betroffenen Frauen nicht auf, wenn der Film im TV oder im Kino mit einer Freundin angeschaut wird. Um einem Anfall von Frageritis cinematicus vorzubeugen, empfiehlt es sich, ein befreundetes Paar mit ins Kino zu bitten und die Frauen nebeneinanderzusetzen.

Frageritis maritalis

Die Frageritis maritalis tritt besonders häufig bei lange verheirateten Frauen auf. Ab dem zehnten Ehejahr ist von einem Frageritis-Risiko von 60 Prozent auszugehen. Aber auch bei Paaren, die über längere Zeit in einer eheähnlichen Beziehung leben, kann es ab dem zehnten Beziehungsjahr verstärkt zum Ausbruch von Frageritis maritalis kommen. Liegt eine Erkrankung vor, so ist es dem männlichen Partner beispielsweise nicht mehr möglich, vom Sofa aufzustehen, ohne seiner Frau/Partnerin Auskunft darüber zu geben, wo er hinzugehen gedenkt (Klo/Küche/Bett/Bier holen).

Krankheitsverlauf:

Oft beginnt die Frageritis maritalis vergleichsweise harmlos. Etwa mit Fragen wie:

»Wie war dein Tag, Schatz?«

Im späteren Stadium der Krankheit verschärfen sich jedoch Qualität und Quantität der Fragen. Die Betroffenen halten es nicht länger als fünf Minuten aus, ohne eine Frage an den Partner zu stellen:

»Was hast du so lange im Bad gemacht?«

»Wieso müssen wir schon wieder Fußball gucken?«

»Ist das dieselbe Unterhose wie gestern?«

»Wann bringst du endlich den Papiermüll runter?«

»Wie alt ist eigentlich die neue Kollegin, die du vorhin so beiläufig erwähnt hast?«

»Müssen deine Eltern wirklich schon wieder zu Besuch kommen?«

»Wie viel Bier hast du heute Abend eigentlich schon getrunken?«

Prävention / Therapie

Das beste Mittel gegen Frageritis maritalis ist Ablenkung. Besonders bewährt haben sich:

– Eine Einladung zum Abendessen in ein schickes asiatisches Restaurant

– Ein Gespräch über Wünsche zum Geburtstag

– Ein Gespräch über die nächsten Urlaubsziele

Ein Beantworten der Fragen führt stets zu einer Verschlechterung des Leidens. Im schlimmsten Fall kommt es sogar zum Ausbruch von → Nöhleritis und/oder → Schmollmund.

Frageritis mobilis

Unter Frageritis mobilis versteht man die in Kraftfahrzeugen aller Art auftretende Frageritis. Sie ist besonders weit verbreitet und daher für Männer am gefährlichsten. Treten Frageritis maritalis und Frageritis cinematicus in aller Regel nur bei Partnerinnen im engen Lebensumfeld auf, so sind Fälle von Frageritis mobilis aktenkundig, bei denen die Beifahrerin dem Fahrer vollkommen unbekannt war.

Deutliche Hinweise auf Frageritis mobilis sind die folgenden Sätze:

- »Müssen wir da vorne nicht links abbiegen?«

- »Sind wir schon da?«

- »Könntest du bitte langsamer fahren?«

- »Wieso musst du so schnell fahren?«

- »Wollen wir nicht lieber jemanden nach dem Weg fragen?«

- »Was bist du denn so aggressiv? Lass ihn doch auf der mittleren Spur fahren.«

Prävention / Therapie

Da Frageritis mobilis oft zu einer Verwirrung des Orientierungssinns des männlichen Fahrers führt, ist es wichtig, die Krankheit schnell und richtig zu diagnostizieren, um erfolgreich dagegen vorzugehen.

Versuche, die Frageritis mobilis zu unterbinden, indem man die Frau das Kraftfahrzeug steuern lässt, blieben leider erfolglos. Die bisher einzige Therapie, die in allen Fällen von Frageritis mobilis angeschlagen hat, ist die Anschaffung eines Zweitwagens.

✖ Frauendomänen

Unter einer Frauendomäne versteht man:

— www.frauen.com

— www.frauen.de

— www.frauen.eu

— www.frauen.biz

— www.frauen.to

Krankhafte Frauendomänen hingegen sind beispielsweise:

— www.vrauen.de

— wwv.frauen.de

— www.frauen.bis

— www.frauhen.de

— www.wrauen.to

✖ Frauenromanie

Frauenromanie kann in einer aktiven und einer passiven Variante auftreten. Wobei die aktive eher selten und die passive sehr häufig auftritt.

In der aktiven Ausprägung der Frauenromanie stürzen sich die Betroffenen sehenden Auges in eheliche Abenteuer, die von vornerein zum Scheitern verurteilt sind. Dr. Frauke Fromholz, Psychologin und Verhaltensforscherin des Max-Blank-Institutes in Graz, beschreibt in ihrem Fachartikel des »Medical Esquire« den typischen Verlauf der Frauenromanie: *Sie ehelichen einen orthodoxen Massai, einen tibetanischen Veganer, einen mongolischen Kannibalen oder wenigstens einen polygamen, karibischen Reggaemusiker. Darüber schreiben sie dann im Verlauf der Krankheit ein Buch. Die Krankheitsgeschichten der Patientinnen gleichen sich in der Regel. Ihnen ist gemein, dass die Betroffenen an einem möglichst weit entfernten Ort mit einem möglichst andersartigen Mann eine möglichst unheilvolle Beziehung führen: Sie werden jahrelang beschissen und betrogen, flüchten oft auf abenteuerlichem Weg nach Hause und berichten darüber.* Passiv an Frauenromanie erkrankte Frauen haben eine Vorliebe für diese Bücher, da sie ihnen versichern, dass ihr Leben an der Seite eines leptosomen Sachbearbeiters in Gauting nicht das Schlechteste ist.

✖ Frauentauschose

Für Frauentauschose sind ausschließlich Frauen prädestiniert, bei denen eine chronische Verhaltensdisposition vorliegt. Dazu kommen in der Regel familiäre Verhältnisse, die nicht als harmonisch oder geordnet bezeichnet werden können. Bei Ausbruch der Frauentauschose begeben sich jeweils zwei erkrankte Frauen in das jeweilige häusliche Umfeld der anderen. Dabei lassen sie sich vom Produktionsteam eines Privatsenders filmen. Dies führt selbst bei Zuschauern zu einem katatonischen, depressiven Zustand. Wesentlich gesünder und von nahezu vitalisierender Wirkung könnte Frauentauschose sein, wenn die Frauen etwa gegen eine Kiste Bier, einen Flachbildfernseher oder gegen ein Rudel Kapuzineräffchen eingetauscht werden würden.

Prävention / Therapie
Umschalten.

✖ Frauenzeitschriften-Missverständnis

Über lange Jahre waren Wissenschaftler der Ansicht, Magazine für Frauen seien das, was das *ADAC-Magazin* für Autofahrer oder die *Apothekenumschau* für Hypochonder ist. Ein fataler Irrtum, wie unlängst bei einem breit angelegten Forschungsprojekt der Achselspringer Media herausgefunden wurde. Deren Kommunikationswissenschaftler konnten feststellen, dass sich Frauenmagazine kaum mit Frauen beschäftigen. Im Gegenteil – bis zu 95 Prozent des Inhalts konzentriert sich meist auf Männer. Die verblüffende Erkenntnis: In Frauenzeitschriften erfährt die Frau, was Männer wirklich wollen, wie sie denken, wovon sie träumen, welche Probleme sie haben und auf welche sexuellen Reize sie unverzüglich anspringen. Forscher sehen daher im Frauenzeitschriften-Missverständnis mittlerweile die Ursache für den bei Frauen überproportional stark ausgeprägten Wunsch, mehr über sich erfahren zu wollen.

✖ Frechanfälligkeit

Ein Forscher hat herausgefunden, dass man mit Frechheit bei Frauen weiterkommt.

✖ Frisur-Aufmerksamkeits-defizitstörung (FADS)

Die Frisur-Aufmerksamkeitsdefizitstörung (FADS) ist eine psychische Störung, welche durch fehlende Aufmerksamkeit Dritter ausgelöst wird.

Anfälle von FADS erfolgen immer unerwartet und ohne ersichtlichen Zusammenhang mit der Frisur. Wegen der Komplexität der Störung müssen Angehörige von Betroffenen therapeutisch geschult werden. Ohne die aktive Hilfe des Partners gehen die Heilungschancen sonst gegen Null.

Befragungen unter FADS-Patientinnen ergaben, dass die Entwicklung und Ausprägung des Krankheitsbildes fast ausnahmslos davon abhingen:

– Ob dem männlichen Partner bewusst war, dass seine Frau Haare auf dem Kopf trägt.

– Ob der Partner Haarfarbe, Schnitt (Kurz- oder Langhaarfrisur) und Haarausbildung (glatt, lockig, kraus) auswendig nennen konnte.

– Ob dieser eingefärbte Strähnchen in der Vergangenheit etwa scherzhaft als »Stinktierfrisur« bezeichnet hatte.

Die mit FADS einhergehenden häufigen Friseurbesuche, bei welchen nur minimale Veränderungen an der Haarlänge (nur die Spitzen), -form (ganz leichte Welle) oder -farbe (leichter Rotton) erfolgen, können auch als »stiller Hilferuf nach Aufmerksamkeit« bezeichnet werden.

Prävention / Therapie

Eine Milderung der Symptome wurde mit folgenden Sätzen erzielt:

- »Die sind so seidig, hast du da was reingetan?«
- »Warst du beim Friseur? Sehe ich doch! Du hast die Spitzen um etwa 0,2 mm kürzen lassen, stimmt's?«

Keinerlei Erfolge, sondern eine signifikante Verschlechterung, erzielen die Sätze:

- »Warst du nicht blond?«
- »Jetzt siehst du ein bisschen aus wie deine Mutter!«
- »Was, wie viel hast du dafür bezahlt? Für H-a-a-r-e schneiden?«

Durch regelmäßige Präventionsmaßnahmen kann der Ausbruch von FADS nahezu ausgeschlossen werden. Die höchstens tägliche, mindestens aber wöchentlich gestellte Frage »Hast Du was mit deinen Haaren gemacht? Schön!« ist ein einfaches, aber probates Mittel gegen jede Form von Frisuraufmerksamkeitsdefizitstörungen.

✖ Froschlippen

Unter Froschlippen versteht man eine plötzliche Ansammlung von Eigenfett oder Hyaluronsäure am Rand des Mundes. Die Lippen wirken dadurch prall und rund wie bei einem Frosch. Folgende Sätze verschlimmern das Leiden der Betroffenen und sind daher zu vermeiden:

»Also ich würde an deiner Stelle lieber nicht so eine dicke Lippe riskieren.«

»So einen geilen Schnabel hätte ich auch gern!«

»Beim Schwimmen ist so ein Schlauchboot im Gesicht bestimmt ganz praktisch.«

»Mich hat ja auch mal eine Biene ins Gesicht gestochen.«

Prävention / Therapie

Froschlippen gehört zu den sogenannten Kontaktkrankheiten. Da die Krankheit vor allem im Umfeld von prominenten Frauen und/oder begüterten Frauen auftritt, ist der Kontakt zu selbigen strikt zu vermeiden.

Klassische Übertragungswege sind:

– Der deutsche Filmball

– Verleihung der Goldenen Kamera

– Bambi-Gala

– RTL Exclusiv

– Bunte

– Gala

– Bild der Frau

Nebenwirkungen

Häufig auftretende Nebenwirkungen von Froschlippen sind:

– Wasserstoffblonde Hochsteckfrisuren

– Juwelen-Ödeme

– Silikon-Busen

- Arschgeweihe und/oder Tribal-Tattoos am Oberarm

- Sehr häufig fotografiert werden

- Sehr häufig ausgelacht werden

Ansteckungsgefahr

Lange Zeit galten Froschlippen als nicht ansteckend für Männer. Nach Entdeckung des Glööckler-Syndroms im Jahr 2012 muss diese Ansicht jedoch grundlegend revidiert werden.

✖ Fröstelei

Fröstelei ist ein Defekt, der Frauen latent leiden lässt, weil ...
a) ... die Männer mit zu wenig Körperfettanteil und ...
b) ... unsere für Frauen viel zu kalten Breitengrade ...
... von einem egoistischen Typ namens Gott geschöpft wurden.

✖ Gängelien

Gängelien ist der nichtwissenschaftliche Ausdruck für eine chronische Reizung der Gängelbänder, welche sich im Bevormundungsapparat einer Frau befinden.

✖ Gastritis

Die Gastritis gehört zu den Beziehungskrankheiten. Sie tritt bei Frauen auf, wenn deren Schwiegermutter länger als drei Tage zu Besuch bleibt.

Auslöser für Gastritis sind:

– Die Bemerkungen der Schwiegermutter über das Essen.

– Die Bemerkungen der Schwiegermutter über die Sauberkeit im Haus.

– Der Hinweis der Schwiegermutter, dass ihr Junge blass aussähe.

– Das Erpressen von Informationen über den Stand der Familienplanung.

– Die Aufforderung der Schwiegermutter, gemeinsam in den Urlaub zu fahren.

Prävention / Therapie
In der Küche so laut fluchen, dass die Schwiegermutter im Wohnzimmer es hören kann.

✖ Gedankenvoyeurismus

Als Denken bezeichnet man einen Prozess, der im Stillen und ausschließlich im Gehirn stattfindet. Ist der Prozess abgeschlossen und das herbeigeführte Ergebnis ausgereift, kommt es oft zu einer Aktivierung des Sprachzentrums und zu einer verbalen Information über das Gedachte. Frauen, die unter Gedankenvoyeurismus leiden, neigen dazu, ihren Partner aufzufordern, den stillen Teil des Prozesses mit sofortiger Wirkung auszusetzen. Dabei werden sie von einer unstillbaren und nicht zu unterdrückenden Neugierde angetrieben. Die an Gedankenvoyeurismus Leidenden möchten zu jedem Zeitpunkt darüber informiert werden, was im Gehirn des Partners passiert. Auch wenn sich dessen aktives Bewusstsein gerade damit beschäftigt, Schäfchen zu zählen. »Was denkst Du gerade?« Die Antwort auf diese Frage ist für die erkrankten Frauen meist sehr enttäuschend, da die Männer aus einem nicht steuerbaren Schutzreflex heraus mit: »Äh nix, warum?« antworten.

Dies ist oft eindeutig die bessere Wahl als die Wahrheit. Noch weniger befriedigend stellten sich tatsächlich wahrheitsgetreue Antworten dar wie:

– »Titten!«

– »Ottmar Hitzfeld.«

– »Ein weißer Hai im Kampf gegen Alligatoren.«

– »Ich kann fliegen.«

– »Ich hätte gern die Schultermuskulatur eines Tyrannosaurus Rex. Und dessen Zähne.«

– »Ich bin in einen Harem eingedrungen.«

– »Ich konfrontiere meine Schwiegermutter mit einer Schwarzen Mamba.«

– »Der Harem wird trainiert von Ottmar Hitzfeld mit Titten.«

– »Vier, fünf, sechs, sieben, acht, neun, zehn, elf, ein schwarzes, zwölf ...«

✖ Geldfieber

Geldfieber ist eine Krankheit, die sich durch eine genetische Disposition auszeichnet. Ist eine Frau vom Geldfieber befallen, lei det sie unter einem zwanghaften Verhältnis zu Zahlungsmitteln. Deren Herausgabe bereitet ihr fulminante körperliche Schmerzen. Anzeichen für Geldfieber sind zum Beispiel die Umrechnung von Euro in D-Mark, wenn die Erkrankte auf einen Preis hinweisen will, der in ihrer Wahrnehmung völlig überhöht ist. Andererseits lösen gerade Discounter einen unwiderstehlichen Reiz auf geldfiebrige Frauen aus: Obwohl sie über genügend finanzielle Mittel verfügen, um sich und ihrer Familie qualitativ hochwertige Konsumgüter anzuschaffen, trifft man sie häufig bei KiK, Aldi, in Secondhand-Läden und auf Internetplattformen für Gebrauchtwaren und Verramschungen. Beim Kauf einer Ware steht ausschließlich ein möglichst geringer Preis im Vordergrund. Der Zuschlag bei einem Schnäppchen kann suchtartige Hochgefühle auslösen. Die gesamte Kommunikation der Erkrankten kreist um Preis-Leistungs-Verhältnisse sowie sparen, horten und anhäufen von Geld. Als eine typische Geldfieber-Region gilt Baden Württemberg. Das pervertierte Gegenstück des Geldfiebers ist die → Hyperprassiose.

✖ Geldinsuffizienz

Geldinsuffizienz wird hervorgerufen durch den Erwerb von Waren des nichttäglichen Bedarfs wie Kleider von Miu Miu, Schuhe von Christian Louboutin, Handtaschen von Michael Kors oder Bikinis von Missoni Mare. Aus Scham vor der Krankheit wollen viele Frauen lieber unerkannt bleiben und verlassen das Haus nicht mehr ohne ihre nagelneue Sonnenbrille von Oliver Peoples.

Zu erkennen ist die Krankheit:

– An der Zalando-Startseite im Webbrowser.

– An den dicken Katalogen sowie den vielen ungeöffneten Briefen auf dem Wohnzimmertisch.

– Am höhnischen Lachen des Bankberaters, wenn er nach einer Erhöhung des Dispositionskredites gefragt wird.

Bekannte Auslöser von Geldinsuffizienz sind:

– Die neuen Frühjahrs-Kollektionen

– Die neuen Sommer-Kollektionen

– Der Sommer-Schlussverkauf

– Die neuen Herbst/Winter-Kollektionen

– Winter-Sale

Prävention / Therapie

Der nächste, örtliche Peter Zwegat sollte unverzüglich hinzugezogen werden. Mit einer dauerhaften Heilung der Geldinsuffizienz ist jedoch nicht zu rechnen. Der Grund: Es ist einfach schön, ein Kleid von Vera Wang zu besitzen, auch wenn man es sich nicht leisten kann.

✖ Gemüsezwang

Am häufigsten tritt Gemüsezwang bei verheirateten Frauen mit einem oder mehreren Kindern auf. Gemüsezwang ist eine Überfunktion der Zwiebelanhangdrüse. Wann immer eine betroffene Frau mit Worten wie »Wurstplatte«, »Speck« oder »Braten« konfrontiert wird, setzt die Drüsenfunktion ein und die Frau denkt zwanghaft an Biogemüse. Es wurden dramatische Fälle bekannt, bei denen bereits vorhandene Würstchen, knusprige Spareribs und saftige Steaks durch aufgeschnittene Auberginen und Zucchinis komplett vom Grill verdrängt wurden, obwohl kein einziger der Anwesenden Vegetarier war.

Prävention / Therapie

Für besonders schlimme Fälle des Gemüsezwangs bieten verschiedene Einrichtungen den Betroffenen kostenlos Hilfe an, wie etwa *Die anonymen Auberginiker*, das *Rohkost Kreuz* und sämtliche städtischen Grillhäuser.

✖ Gerippe

Folgenschwere Erkrankung von Frauen, welche eine Diät über die Maßen erfolgreich abgeschlossen haben.

Therapie

Jeweils morgens, mittags und abends ist eine Kalorienbombe (z.B. Sachertorte/Pfannkuchen/Vanillestrudel) oral einzunehmen.

✖ Glukosenamen

Eine Frau leidet unter Glukosenamen, wenn sie von ihrem Partner nachfolgende Namen akzeptiert und auf diese sogar reagiert:

- Sugar

- Zuckermaus

- Zuckerschnecke

- Torte

- Honey

- Süße

✖ Grauer Star

Der graue Star kann dann bei einer Frau einwandfrei diagnostiziert werden, wenn sie etwa der Meinung ist, Sean Connery sähe mit zunehmendem Alter immer besser aus.

✖ Gurkenglasschwäche

Bei der Gurkenglasschwäche ist zu unterscheiden zwischen einer echten und einer vorgetäuschten Gurkenglasschwäche. Die echte Gurkenglasschwäche bezeichnet das Unvermögen, ebenjenes Glas aus eigener Kraft zu öffnen. Bei der vorgetäuschten Gurkenglasschwäche wäre es der Frau ein leichtes, dieses aufzuschrauben. Sie überlässt dies dennoch einem Mann, damit er seine Kraft beweisen kann. Männer sind sehr tolerant gegenüber beiden Schwächeausprägungen, da das Öffnen eines Glases:

- Als schmeichelhafte Einladung gesehen wird, große Kraft unter Beweis zu stellen.

– Der Frau tatsächlich geholfen werden kann.

– Die Möglichkeit eröffnet, Gurken zu essen.

✖ GVS (Größte Vorstellbare Seuche)

Die Größte Vorstellbare Seuche, die unter Frauen grassiert und gleichzeitig das schlimmste, schmerzhafteste, aber auch peinlichste, vor allem aber mit Abstand dümmste, das sich eine Frau einfangen kann, ist: Lothar Matthäus.

✖ Haausfall

In Deutschland gilt der Haausfall als weitgehend unbekannt. Anders in Frankreich und Spanien, dort grassiert die logopädische Dysfunktion bei nahezu 100 Prozent der einheimischen Bevölkerung. Haausfall bleibt meist so lange ohne Befund, bis er während des Erlernens einer Fremdsprache diagnostiziert wird. Ausschließlich weiblicher Haausfall wird klar den Niedlichkeitskrankheiten zugeordnet. Deutsche Muttersprachler dürfen sich aufgrund des logopädischen Defektes sehr angezogen fühlen. Gleichzeitig ist es durchaus akzeptabel, sich über die männlichen Irnis und Ampelmänner offen lustig zu machen.

✖ Hallo-Helga-Syndrom

Vom Hallo-Helga-Syndrom können nur Frauen betroffen sein, deren Bindegewebe an den Unterseiten der Oberarme Schwächen aufweist. Treffen sich zwei gesunde Frauen mit einer solchen Schwäche, geschieht nichts. Treffen sich allerdings zwei Frauen, die am Hallo-Helga-Syndrom leiden, fassen sich beide synchron an die Unterseite ihres Oberarmes und bringen diese unter scheinbar großer Freude zum Schwingen. Dabei weisen sie sich gegenseitig auf das defizitäre Gewebe hin, untersuchen es lachend und winken sich anschließend oft sehr heftig zu. Bereichsforscher der WHO (Winken-und-Hallo-Organisation) haben festgestellt, dass tatsächlich ein haptischer Genuss in diesem kühlen, weichen Armbereich stattfinden kann, und diesen als »äußerst handschmeichlerisch und lustig-freundlich« eingestuft.

✖ Hallokittysmus

Befürworten Frauen, die allgemein als vernünftig und sozial gefestigt gelten, Alltagsgegenstände, die ohne Not in Rosatönen gehalten sind, so spricht die Humanmedizin von Hallokittysmus.

✖ Handwerksdemenz

Die Handwerksdemenz ist unter Frauen weit verbreitet. Mit ihr gehen gravierende Gedächtnisstörungen und Lähmungserscheinungen einher. Diese machen der Frau das Auffinden eines Hammers im Werkzeugschrank ebenso unmöglich wie das Festhalten eines Nagels, um ihn in die Wand zu schlagen. Eine unter Handwerksdemenz leidende Frau ist nicht in der Lage, einen Schraubenzieher von einer Säge einwandfrei zu entscheiden.

Gefahr

Handwerksdemenz ist sehr gefährlich, wenn sie nicht rechtzeitig erkannt wird, und kann zu schwerwiegenden Verletzungen führen. Vor allem beim Partner der Frau. Typische Verletzungen sind:

– Ein im Oberschenkel steckender Schraubenzieher.

– Ein in der Wand eingeschlagener Fingernagel[20].

– Herzrhythmusstörungen aufgrund eines Stromschlags.

– Mit Alleskleber am Gesicht befestigte Hände.

– Von einer durch die Luft fliegenden Bohrmaschine verursachte Schürfwunden.

Diagnose

Um Handwerksdemenz einwandfrei zu diagnostizieren, muss die Betroffene in Quarantäne gesteckt werden. Gemeinsam mit einem Billy-Regal von IKEA, einem Werkzeugkasten sowie Essen und Trinken für drei Tage.

Lebt die Frau nach diesen drei Tagen noch und hat ein standfestes Bücherregal gebaut, leidet sie definitiv nicht an Handwerksdemenz.

Hat sie in dieser Zeit einen Stuhl, einen Kleiderständer oder einen Schuhschrank aus dem Regal errichtet, ist von einer Handwerksdemenz auszugehen.

Liegt das IKEA-Paket noch ungeöffnet neben der Frau, liegt definitiv eine Handwerksdemenz vor.

---

20 Leider nicht fest genug, um daran Bilder zu befestigen.

Prävention / Therapie

Eine unbehandelte Handwerksdemenz ist lebensgefährlich. Spitze Gegenstände wie Nägel, Schrauben, Bohrköpfe, Kreissägen sind daher bei einwandfrei diagnostizierter Handwerksdemenz unter ständigem Verschluss zu halten.

Ein breit angelegter Aufruf der Hilfe zur Selbsthilfe durch die von Handwerkerinnen gegründete Gruppe »Hammerfrau statt Nervensäge« brachte zunächst viel Aufregung in deutsche Bastelkeller, zeigte aber schnell erste Erfolge und wachsende Begeisterung an den Kursen. Die Gruppe berichtete sogar von »Teilnehmerinnen« mit auffällig tiefen Stimmen und Halbglatzen.

Hinweis

Achtung: Es sind Fälle bekannt, in denen Frauen eine Handwerksdemenz nur vortäuschen, um die neue Folge von *Grey's Anatomy* nicht zu verpassen oder weil der frisch aufgetragene Nagellack noch nicht trocken ist.

✖ Hemdparasitismus

Hemdparasitismus findet in nahezu jeder Beziehung statt, bei dem die Partnerin kleiner ist als der Partner. Dessen übergroße Hemden werden als Nacht- oder Heimhemden zweckentfremdet – unabhängig davon, ob es sich um das Lieblingshemd des Besitzers handelt. Auch Modell, Muster und Kragenform spielen keinerlei Rolle. Wichtig ist allein das Besitzverhältnis des Hemdes zum zugehörigen Partner. Selbstverständlich verfügen betroffene Frauen über ein ausreichendes Arsenal an eigenen

Nacht- und Hausbekleidungsstücken. Warum Hemdparasitismus überhaupt existiert, ist nicht bekannt. Bekannt dagegen ist, dass die Wirte keineswegs gegen den Parasitismus aufbegehren oder dagegen einschreiten. Wird die Parasitin etwa in flagranti mit einem Hemd ertappt, stellt sich sofort eine entwaffnende Wirkung auf das Erregungszentrum des Wirts ein, der die Tat plötzlich als recht niedlich bis sexuell anregend empfindet. Bekannte Unterformen sind der T-Shirt-, und der Hosenparasitismus. Die Betroffenen selbst versuchen die Krankheit hinter dem Namen Boyfriend-Look zu verharmlosen, welcher vortäuschen soll, es handle sich lediglich um einen modischen Trend.

✖ Herbes

Herbes ist ein viraler Infekt, der häufig in Bioläden übertragen wird. Ist eine Frau vom Herbesvirus befallen, gestattet sie weder sich, noch dem Partner oder ihren Kindern den Genuss von Süßwaren. Sie entwickelt eine regelrechte Phobie gegen Süßwaren. In ihrer Wahrnehmung nehmen diese einen Stellenwert ein, der in etwa einer leprösen Beulenpest entspricht. Die Infektion breitet sich vor allem zerebral aus und greift auch das Sprachzentrum der Frau an: In nahezu manischen Anfällen attackiert sie den Konsum von Süßigkeiten im Kindergarten, der Schule, im Familien- und Bekanntenkreis.

Nicht selten sitzen von Herbes befallene Frauen dem Irrglauben auf, dass getrocknete Früchte, Nüsse oder Reiswaffeln einen adäquaten Ersatz für Zuckergebäck darstellen.

Prävention / Therapie

Ein Werkzeugschrank wäre zum Beispiel bestens geeignet, um dort eine Krankenhaus-Packung Kinderriegel für den Notfall zu verbringen. Am besten hinter der Bohrmaschine – also gleich neben dem Bier und den Zigaretten.

✖ Herzklopfen

Herzklopfen bricht vor allem bei jungen, alleinstehenden Frauen bis Mitte 20 aus. Voraussetzung sowie Auslöser sind Männer, die optisch und charakterlich alle Kriterien erfüllen, die der Wunschpartner dieser Frau haben sollte. Mit dem Herzklopfen einher gehen oft → Erröteln, Atemnot sowie Sprachlosigkeit. Bei besonders schweren Fällen kommt es außerdem zu Apathie sowie Lähmung des gesamten Bewegungsapparates. Befindet sich die Frau in dieser Starre, nimmt sie nichts anderes mehr wahr, als das laute Pochen ihres Herzens.

Frauen jenseits der 20 sind vor Herzklopfen ebenfalls nicht gefeit. Allerdings bricht die Krankheit bei ihnen sehr viel seltener aus.

Da unentdecktes und nicht behandeltes Herzklopfen im Verdacht steht, für das Nichtzustandekommen zahlreicher Beziehungen zwischen Mann und Frau verantwortlich zu sein, ist es wichtig, die Krankheit schnell zu diagnostizieren und zu therapieren.

Ursache

Herzklopfen kann bereits durch den bloßen Anblick eines Mannes ausgelöst werden, insbesondere wenn es sich bei dem Mann um Johnny Depp handelt. Des Weiteren führen Berührungen oder Ansprechen der Frau durch einen von ihr als attraktiv wahrgenommenen Mann zu einer Eskalation der Krankheit. Kommt es zum ersten Kuss, erreicht das Herzklopfen meist seinen Höhepunkt. Es kann zu Herzrhythmusstörungen und sogar zum Aussetzen vereinzelter Herzkontraktionen kommen.

Hinweis
Herzklopfen kann bei Frauen außerdem beim Besuch eines Popkonzertes sowie beim Anschauen von Liebeskomödien auftreten. In diesen Zusammenhängen gilt das Herzklopfen jedoch als absolut unkritisch und legt sich nach einer Weile von selbst. Als wenig hilfreich gegen Herzklopfen gilt das Einsetzen eines Stenzes.

✖ Heuleritis

Heuleritis ist eine Fehlfunktion der weiblichen Tränendrüse. Liegt eine Erkrankung vor, hat die Betroffene kaum noch Kontrolle über ihren Tränenapparat. Eine minimale Reizung reicht dann aus, um eine unverhältnismäßige Produktion von Tränenflüssigkeit in Gang zu setzen. Dabei ist es unerheblich, ob es sich um einen positiven oder negativen Reiz handelt. Die gestörte Tränendrüse reagiert in beiden Fällen akut. So fließen bei der Erkrankten Tränen, wenn:

– Ein Fingernagel abgebrochen ist.

– Sich eine Laufmasche in der Strumpfhose befindet.

– Der Partner den Geburtstag vergessen hat.

– *Ghost – Nachricht von Sam* im Fernsehen läuft.

- Der Chef eine Gehaltserhöhung verspricht.

- Das Lieblingskleid plötzlich am Bauch spannt.

- Geheiratet wird. (Dabei spielt es keine Rolle, ob es sich um Familie oder Freunde der Betreffenden oder völlig Fremde handelt.)

- Heidi Klum leider kein Bild für sie hat.

- Der Typ aus der Disco nach drei Tagen noch nicht zurückgerufen hat.

- Zum Frühstück drei Nutella-Brote verzehrt wurden, obwohl es doch nur ein einziges sein sollte.

Die Heuleritis kann in ihrer Lautstärke zwischen geräuschlos und bis zu 120 Dezibel (in etwa die Lautstärke eines startenden Drüsenjets) variieren. Ein Anfall verläuft episodisch und dauert mindestens 10 Minuten. In der Regel klingt er nach einer halben Stunde leicht ab, bis die Tränen nach etwa einer Stunde endgültig versiegen.

Mit der Heuleritis einhergehende Symptome sind:

- Rote Augen

- Rote Wangen

- Undeutliche Aussprache

- Sich auf dem Klo einsperren

- Zusammengeknüllte Taschentücher an allen Orten, an denen sich die Betroffene aufgehalten hat.

Ansteckungsgefahr

Heuleritis ist unter Frauen extrem virulent. Meist reicht eine kurze Berührung aus, um sich zu infizieren. Gruppenanfälle, bei denen vier bis fünf Frauen zusammen heulen, sind daher keine Seltenheit. Für Männer sind, außer der nervlichen Belastung, keine Gefahren bezüglich der Heuleritis bekannt.

Prävention / Therapie
Männer sind oft unsicher im Umgang mit Heuleritis, da sie latent befürchten, Auslöser eines Anfalls zu sein. Dies ist zu 80 Prozent nicht der Fall, einer Heuleritis ist daher nur bedingt vorzubeugen. Taschentücher (3-lagig) und lang andauernde kräftige Umarmungen können jedoch helfen, die Heuleritis-Anfälle etwas schneller abklingen zu lassen.

✖ Heulschnupfen

Heulschnupfen ist eine Erkrankung des Immunsystems der Frau. Während gesunde Frauen immun gegen Kitsch und gezielten Tränendrüsendruck sind, stellt sich bei Frauen mit Heulschnupfen schon bei der geringsten dargestellten Emotion Tränenfluss und tiefe emotionale Berührtheit (bis hin zu Trauerreaktionen oder in Einzelfällen sogar leichte Depressionen) ein. Ein Schub kann durch Fernsehabende, Kinobesuche oder bei der Lektüre von Büchern ausgelöst werden.
In den 80er Jahren wurde der Fall der 32-jährigen Hausfrau Else R. bekannt, die laut Augenzeugenberichten schluchzend zusammenbrach, als sie vom Testbild der ARD stark gerührt wurde. Es wären, laut Else R., die wenig harmonisierenden Farben gewesen, die trotzdem so friedlich nebeneinander existierten, die den Anfall auslösten.

Prävention / Therapie

Heulschnupfen ist eine relativ harmlose Krankheit, solange sich Dritte über die Betroffene während eines akuten Schubes nicht allzu offensichtlich lustig machen.

✖ Hinter-dem-Kühlschrank-Putz-Phänomen

Das Hinter-dem-Kühlschrank-Putz-Phänomen ist eine Zwangs- oder Übersprungshandlung. Sie kann ausgelöst werden, wenn übertragene Aufgaben durch Unlust oder Widerwillen nicht erfüllt werden und stattdessen rauschhafte Putzanfälle erfolgen. Da diese aber zu keiner Gewissensberuhigung führen, setzt schnell eine Depression ein, die oft dazu führt, dass wenig plausibel erscheinende Orte gereinigt werden. Es sind Fälle belegt, bei denen sprichwörtlich als letzter Ausweg hinter dem Kühlschrank geputzt, das Tafelsilber poliert und Fotoalben sortiert wurden.

✖ Hockepack

Nach jahrelanger Forschung, intensiven Beobachtungen, Befragungen und Überlieferungen, gilt es endgültig als erwiesen, dass Frauen im Stehen nicht allzu gut pinkeln können.

Horoskop-Spasmus

Der Horoskop-Spasmus ist eine unter Frauen weit verbreitete Wahrnehmungsstörung, die auf dem Glauben basiert, die Gestirne im Weltall wären in der Lage, auf ihre Liebesbeziehung, Karriere oder Gesundheit Einfluss zu nehmen.

Ursache

Hauptursache für den Horoskop-Spasmus ist Neugier. Breitet sich der Horoskop-Spasmus ungestört aus, bestimmt er bald den gesamten Lebensrhythmus der Frau. Hier einige interessante Beispiele aus einer Feldstudie der WHO (Weltall und Horoskop Organisation)

Situation	Normale Reaktion	Reaktion der Horoskop-Spasmus-Patienten
Erfolgreiche Kundenakquise im Job, die dem Unternehmen eine Umsatzsteigerung von zehn Prozent bringt.	Mit dem Chef eine mögliche Beförderung und/oder Gehaltserhöhung diskutieren.	Keine, denn das Horoskop befiehlt: »Gehen Sie im Job Konfrontationen aus dem Weg.«
Einen humorvollen, an Kunst interessierten, weltläufigen Traummann kennenlernen.	Mit dem Traummann ein paar heiße Dates erleben.	Den Traummann nie wieder zurückrufen. Denn er ist Steinbock. Und sie ist Waage. Und zwischen Steinbock und Waage hat es noch nie funktioniert.
Die Haare müssten mal wieder geschnitten werden.	Beim Friseur anrufen und fragen, wann ein Termin frei ist.	Erst mal den Mondkalender checken.

Situation	Normale Reaktion	Reaktion der Horoskop-Spasmus-Patienten
Die beste Freundin ruft an und will zum Shoppen.	Mitgehen und die Innenstadt plündern.	Ein Pro-und-Contra-Tarot legen.
Im Horoskop steht: »Seien sie heute besonders vorsichtig.«	Keine.	In der Arbeit anrufen und sich mit »Migräne« entschuldigen.

Einem besonderen Leidensdruck sind die Betroffen ausgesetzt, wenn sich die Aussagen verschiedener Horoskope widersprechen oder ungenau formuliert sind.

Beispiel:

»Heute haben Sie besonders viel Energie. Es bleibt Ihnen überlassen, ob Sie diese für eine außerordentliche Leistung nutzen oder den Energieschub anderweitig ausleben.«

In ihrer Verzweiflung greifen viele Betroffene auf Vorhersagen mit Tarotkarten zurück oder befragen ein Pendel. So geraten sie immer tiefer in den Sog der Krankheit, die schließlich zur Sucht wird. In diesem Krankheitsstadium kann nicht einmal mehr der Ring der Macht von Astro-TV-Göttin Gudrun Hoinka helfen.

Prävention / Therapie

Laut Aussage von Prof. Dr. Nostra Damus wird Horoskop-Spasmus automatisch geheilt, wenn der Wassermann im fünften Haus des Merkur steht. Diese besondere Sternenkonstellation werden wir in 15.623 Jahren wieder erleben.

✖ Humorinstabilität

Humorinstabilität im medizinischen Sinne ist:

1. Die Behauptung, dass Humor bei einem Partner die wichtigste Eigenschaft sei und sie sich deshalb »in seinen Humor verliebt haben«, um nach drei Monaten Beziehung selbst taufrische Witze nicht mehr lustig zu finden.

2. »Sich gegenseitig zum Lachen bringen« ganz wichtig für eine Beziehung zu finden, damit aber »mich zum Lachen bringen« meinen.

3. Die zwanghafte Verhaltensauffälligkeit bei Frauen, sich bei minderwertigen Flachwitzen Fremder völlig totzulachen, jedoch beim eigenen Partner genervt mit den Augen zu rollen, wenn diesem der größte Brüller des Jahrhunderts eingefallen ist.

✖ Hyperprassiose

An Hyperprassiose leiden vorwiegend junge Frauen, die in einem parasitären Verhältnis mit einem wohlhabenden Partner leben. Dabei geben sie Geld in rauschhaften Zuständen aus und machen dies zu ihrer alleinigen Lebensaufgabe.

Prävention / Therapie
Als relativ wirkungsvoll hat sich bei der Hyperprassiose die Anwendung der Homöopathie herausgestellt. Getreu dem homöopathischen Prinzip wird dabei »Ähnliches mit Ähnlichem geheilt«. In der Praxis werden der Betroffenen in einer Hunderterpotenz verdünnte Zahlungsmittel verabreicht.

✖ Hypokontra

Unter Hypokontra versteht man eine sozio-neurologische Er-krankung, bei der Frauen unkontrolliert aggressiv auf Aussagen, Verhalten und Eigenarten ihres Partners reagieren. Hypokont-rastische Frauen sind im Umgang mit anderen Menschen dabei unauffällig oder sogar ausgesprochen höflich. Nie würden sie einem Dritten über die Maßen ins Wort fallen, ihn maßregeln oder verbal attackieren. Allein der Lebensabschnittbegleiter löst hypokontrastische Anfälle aus.

Ein Härtefall liegt bei der offenen Hypokontra vor: Hierbei ist es der Frau nicht mehr wichtig, ob sie ihren Mann zuhause oder vor allen Leuten zusammenstaucht. Meist suchen sich Hy-pokontras einen Mann als Partner aus, der ihren Anfällen nur wenig oder nichts entgegensetzt. Nicht selten wird bei Frauen mit grassierender Hypokontra ein personenbezogenes Touret-tesyndrom fehldiagnostiziert.

Prävention / Therapie

Hypokontra ist nicht heilbar. Als probate Mittel gegen die Krank-heit haben sich der endgültige Abbruch der Beziehung, Mord sowie Totschlag herausgestellt.

Rechtslage

Vor dem obersten Gerichtshof in Karlsruhe wird derzeit geklärt, ob Gewaltverbrechen, die aufgrund von Hypokontra begangen wurden, für die Täter straffrei bleiben. Die Verfassungsrichterin Prof. Dr. Renate Unbill-Müller reagierte auf den entsprechen-den Antrag des Richters Hans-Horst Unbill mit einem ausführ-lichen Plädoyer: »Hört euch diesen Klappspaten an. Zu dumm, um mit seinem Hammer die Richterbank zu treffen und jetzt kommt er mit so einem Scheiß. Was ein Trottel, oder? Ja, so ein saudummer Depp!!! Gleich reg ich mich aber richtig auf!« Laut Gerichtsreportern stehen die Chancen derzeit gut, dass Hans-Horst Unbills Antrag von der Kammer angenommen wird.

✖ Hysterie

Hysterie ist eine weit verbreitete Krankheit unter Frauen, die mit lautem Kreischen, unkontrollierten Reaktionen und wilder Abwehr einhergeht – und vor allem von Spinnen gefürchtet ist. Aber auch Mäuse, Ratten, Ohrenkneifer und Justin Biber leiden unter hysterischen Anfällen. Vor allem letzterer wurde oft schreiend und kreischend beobachtet.

✖ Insekteninkonsequenz

»Mach die weg! Mach-die-weg, machdieweheeeeg! Bittebitttebittebitte!«
Frauen, die so rufen, leiden höchstwahrscheinlich unter Insekteninkonsequenz. Nehmen sie ein Insekt in ihrer direkten Nähe wahr, welches ihnen optisch nicht zusagt, folgt ein direkter Tötungsbefehl.
Ist das Insekt jedoch nicht besonders hässlich und lappt ins niedliche (Marienkäfer etc.), stülpen sie vorsichtig ein Glas darüber, schieben eine Postkarte darunter und setzen es im Freien vorsichtig auf ein Blumenblatt. Wenn sie schlechter Laune sind, hauen sie mitunter auch einfach mit dem Schuh darauf.

✖ Ja-Nein-Dilemma

Um einem Ja-Nein-Dilemma ausreichend Rechnung zu tragen, hat sich eine einfache Faustregel herausgestellt: Sagt eine Frau »Ja«, meint sie »Ja«, sagt eine Frau »Nein«, meint sie »Nein«, sagt eine Frau nichts, kann dies »Ja« oder »Nein« bedeuten. Allerdings ist in diesem Fall Gefahr im Verzug.

✖ Jane-Syndrom

Am Jane-Syndrom leidet eine Frau, wenn:

1. Sie ihren Partner erst dann verlässt, wenn ein neuer Partner in Reichweite ist.

2. Sie eine Beziehung mit dem Neuen als höchstwahrscheinlich einstufen kann oder

3. eine solche Beziehung bereits besteht und sie dabei

4. unfähig ist, die alte Beziehung selbst zu beenden und

5. infolgedessen den zukünftigen Expartner so lange malträtiert, bis er stellvertretend für sie die Beziehung beendet.

6. Ist die alte Beziehung abgeschlossen, erfolgt eine Ruhephase, die direkt in Punkt 1 mündet.

Erfolgt jedoch eines oder mehrere dieser Verhaltensmuster einmalig, zufällig oder unter temporärem Alkoholeinfluss, gilt die Frau als völlig gesund, es kann kein Befund festgestellt werden. Die Folgen des Jane-Syndroms gelten als sehr schmerzhaft und sind mit langwierigen und geringen Heilungschancen verbunden. Teilweise gehen diese auch mit irreparablen psychischen Schäden einher sowie mit extremen Traumata für den Mann.

Name des betrof-fenen Mannes/der Frau	Individueller Verlauf des Jane-Syndroms	Schwerwiegende Folgen für den Mann
Tarzan/Jane	Brannte mit dem Silberrücken durch; heiratete später Balou den Bären, Baghira und in vierter Ehe Heinz Sielmann.	Tarzanschrei
Til Schweiger/Hanuta Schweiger	»Zahlte es dem egomanischen Eierkopf und allen anderen Arschlöchern richtig heim.«	Dauersäuseln; mimische Reduktion auf »toll aus-sehen« und »dämlich grinsen«
Helmut Kohl/Hanne-lore	Führte jahrelang ein Schattendasein.	Essstörungen und Saumagen; nennt alle Frauen »Mädchen«.
The Incredible Hulk/ Lucy von den Peanuts	Ließ sich mit Schröder ein, dann mit Charlie, mit Snoopy; brannte mit dessen bestem Freund Woodstock durch.	Aggressionsverhalten, ständiges Kragenplat-zen, teilweise Verwand-lung in einen sauren Granny Smith

✖ Juwelen-Ödem

Juwelen-Ödeme sind massive Silber- und Goldwucherungen an Hals, Ohren, Handgelenken und zuweilen auch auf dem Kopf.

Juwelen-Ödeme treten vor allem bei Frauen ab 60 auf. Häufige Besuche von Charity-Galas, Film- und Opernpremieren, Boutiquen-Eröffnungen oder Fashion Awards begünstigen die Entstehung von Juwelen-Ödemen.

Prävention / Therapie

Juwelen-Ödeme sind für Männer ansteckend. Betroffen sind vor allem Zuhälter, Bewohner des Ruhrgebietes sowie Rapper. Da Juwelen-Ödeme gemeinsam mit dem Kontostand der betroffenen Person abschwellen, ist eine gesonderte Behandlung nicht erforderlich.

Kälte-Koller

Ist es der Frau in der Sonne zu heiß und im Schatten zu kalt, liegt meist ein Kälte-Koller vor. Der Kälte-Koller kann in einem Temperaturbereich von -30° bis +30° C auftreten. Er ist also nicht an eine bestimmte Temperatur gebunden. Die Krankheit zeigt sich sowohl im Freien als auch in geschlossenen Räumen.

Exkurs

Lange Zeit wurde versucht, den Kälte-Koller mittels Regulation über Kleidung zu behandeln. Dazu wurden der Betroffenen entweder Kleidungsstücke aus- oder zusätzlich angezogen. Ohne Erfolg. Auch ein Absenken oder Anheben der Umgebungstemperatur führte zu keinerlei positiven therapeutischen Ergebnissen. Heute gilt es als erwiesen, dass das Temperaturempfinden der Frau bei einem Kälte-Koller insgesamt gestört ist.

Typische Symptome von Kälte-Koller sind:

– Nöhleritis

– Schmollmund

– Vorgetäuschter Sarkasmus

Vorkommen

Kälte-Koller treten überproportional oft auf, wenn einer Frau langweilig ist oder wenn ihr Gesamtempfinden ins Negative kippt, sie aber nicht genau weiß warum.

Prävention / Therapie

Da die Kleiderregulation sowie eine Veränderung der Umgebungstemperatur den Kälte-Koller nicht lindern, beschreitet die Medizin bei der Kälte-Koller-Bekämpfung vollkommen neue Wege. So haben Studien der WHO (Welt Hachschwitzich Organisation) bewiesen, dass durch Ablenkung (Kino, Theater, Sex) das durcheinandergeratene Temperaturempfinden wiederhergestellt werden kann. Besonders gute Erfolge wurden auch durch das Zuführen größerer Mengen Alkohol erreicht.

✖ Karriereknick

Der Karriereknick ist ein plötzlicher Bruch im Arbeitsleben der Frau. Hauptursache ist meist eine Schwangerschaft.

Prävention / Therapie

Obwohl seit Langem bekannt ist, dass der Karriereknick als gut heilbar gilt, erhalten bisher nur sehr wenige Frauen in Deutschland eine entsprechende Behandlung. Hier besteht enormer Handlungsbedarf, um das hiesige Gesundheitswesen endlich auf denselben Stand zu bringen wie in skandinavischen Ländern oder in Frankreich.

✖ Katzenjammer (lateinisch kat jes jes)

Ernährt sich eine Frau ausschließlich von zwischen die Zehen gesteckten Fruchtgummis, spricht man vom Katzenjammer.

Prävention / Therapie
Radieschen zwischen die Zehen stecken.

✖ Keuschhusten

An Keuschhusten leidende Frauen sind nicht in der Lage, Sex vor der Ehe zu haben. Mit dem Keuschhusten geht oft ein Auswurf an moralinsauren Botschaften einher. Der Keuschhusten ist nicht zu verwechseln mit der → Deflorationshemmung.

Verbreitung
Keuschhusten ist vor allem in den USA verbreitet. In Deutschland kommt er nur selten vor.

Prävention / Therapie
Sämtliche Versuche, den Keuschhusten mittels Verlobung zu heilen, sind bisher gescheitert. Die einzig verlässliche – jedoch für Männer sehr schmerzvolle Therapie – ist die Hochzeit.

✖ Kicher-Störung

Unt. Unt. Unterkihi. Unter Kichichi. Unter Kicher-Störuhuhu. Uhuhunter. Unheiiiiiilbaaah!!! Keinhaha einziger Fahahaall beihihih Männhähäh bekhahahaaaaant.

✖ Kindchenstimme

Kehrt bei einem weiblichen Menschen ab dem Erwachsenenalter plötzlich eine quengelige Kindchenstimme zurück, darf die Erkrankte ohne Abendessen ins Bett geschickt werden. Frauen, die Führungspositionen in einem Unternehmen innehalten und von einer Kindchenstimme-Attacke ergriffen werden, müssen umgehend zum Pförtner geleitet werden und erhalten von diesem ein Malzbonbon.

✖ Kinderlähmung

Die leicht irreführende Bezeichnung Kinderlähmung ist eine Krankheit, bei der die betroffene Mutter über eine derart schrille Stimme verfügt, die sie dazu befähigt, Kinder augenblicklich zu lähmen. Erkrankte setzen ihr Leiden gezielt ein, um Kinder durch eine vorübergehende Traumatisierung von etwaigen Vorhaben abzuhalten oder diese einzuschüchtern. Begibt sich eine Frau mit Kinderlähmung auf einen öffentlichen Spielplatz, schlägt ihr oft bodenloser Hass umstehender Eltern oder Elternteile entgegen.

Prävention / Therapie

Einzig wirksam ist eine Heilung durch Handauflegen auf den Mund.

✖ Kleidungsdislokation

Die Kleidungsdislokation ist eine genetische Mutation, die ausschließlich bei Frauen auftritt. Diese substanzielle genetische Verschiedenheit verleitet Frauen zu der Annahme, dass korrekt auf dem Boden abgelegte Kleidung keine probate Möglichkeit zur Lagerung oder Zwischenlagerung derselben darstellt. Daraus ergibt sich der Zwang, das Verhalten notorisch zu:

a) kritisieren.

b) unterbinden.

c) beheben.

Kleidungsdislokation ist nicht therapierbar. Es wurden jedoch einzelne Fälle beobachtet, bei denen Männer durch extreme Körperbeherrschung und jahrzehntelanges Training in der Lage waren, ein paar Socken über eine Stuhllehne zu hängen.

✖ Klodeckelei

Die Klodeckelei gehört zu der Gruppe der Fimmelkrankheiten. Wie jede Fimmelkrankheit ist auch die Klodeckelei weniger gesundheitsschädlich als vielmehr eine Belastung der Nerven – vor allem Dritter. Viele Frauen sehen es als ihre dringlichste Aufgabe an, auf einem geschlossenen Klodeckel zu bestehen und auf Versäumnisse in dieser Richtung erbittert hinzuweisen. Wohingegen vielen Männern zwar bewusst ist, dass ein Abortbehältnis über einen Deckel verfügt, aber nicht, wozu man diesen verschließen sollte. Eine Bedürfnisanstalt ist schließlich nur dann zu seiner eigentlichen Bestimmung geeignet, wenn der Deckel geöffnet ist. An Klodeckelei Erkrankte führen bevorzugt an, ein offenes Klosett würde Energien abführen. Dies stimmt nur sehr bedingt.

Prävention / Therapie
Das Problem aussitzen.

 Kommunikations-Unschärfe

Als Kommunikations-Unschärfe gilt die zwanghaft fehlerhafte Verwendung der folgenden Begriffe durch Frauen:

– Ja

– Nein

– Vielleicht

Eine Kommunikations-Unschärfe ist in der Regel sehr leicht zu diagnostizieren. Sie äußert sich vor allem in der Disproportionalität von tatsächlichem Verhalten und einer zuvor öffentlich kommunizierten Absicht.
Ein Beispiel:
Fragt ein Partner seine an Kommunikations-Unschärfe leidende Frau, ob sie Hunger habe und sie antwortet mit »Nein«, ist es möglich, dass sie wenige Minuten später in Tränen ausbricht, weil sie »nichts zu essen bekommt« und bereits wegen Unterzuckerung ohnmächtig zu werden droht. In ihrer Not übernimmt sie

dann das Wurstbrot ihres Mannes, der dadurch genötigt wird, sich ein neues Brot zu belegen.

Wichtig: Mit der Kommunikations-Unschärfe geht eine kurzfristige Amnesie einher. Die Betroffene kann sich in keinem Fall an die zuvor getätigte Aussage bezüglich ihres Hungergefühls erinnern. Eine Diskussion darüber ist daher nicht zielführend.

Prävention / Therapie

Wird eine Kommunikations-Unschärfe zweifelsfrei festgestellt, so ist im Umgang mit der Betroffenen besondere Vorsicht und Rücksichtnahme geboten. Mehrfaches Nachfragen (mindestens zehnmal) erhöht die Wahrscheinlichkeit, die Kommunikations-Unschärfe ansatzweise aufzulösen. Während dieses Nachfrageprozesses sollte man sich jedoch nicht davon irritieren lassen, dass die Betroffene von allen ihr zur Verfügung stehenden Entscheidungsmöglichkeiten (Ja/Nein/Vielleicht) Gebrauch macht. Entscheidend ist am Ende die am häufigsten geäußerte Antwort.

Befindet sich die Kommunikations-Unschärfe bereits im fortgeschrittenen Stadium, ist auf diese Herangehensweise jedoch kein Verlass. Im Gegenteil: Ist das fortgeschrittene Stadium der Kommunikations-Unschärfe erreicht, nutzen Frauen die Krankheit vor allem, um den Partner auf Abneigungen besonders deutlich hinzuweisen.

Beispiele für Kommunikations-Unschärfe im fortgeschrittenen Stadium:

Diskutierter Sachverhalt	Kommunikations-unscharfe Äußerung	Tatsächliche Äußerung
»Stört es dich, wenn ich am Sonntag mit den Jungs Fußball gucke?«	»Nein!«	Noch dreimal und ich lass mich scheiden.
»Wollen wir nicht mal diesen neuen Burger-Laden ausprobieren?«	»Ja!«	Ich möchte mal wieder ins Theater gehen.
»Hättest du Lust auf einen Dreier?«	»Vielleicht. Ich frag mal meine beste Freundin.«	Ich muss dringend unsere Küchenmesser zum Schleifen bringen.

Nebenwirkungen

Ist eine Kommunikationsunschärfe zweifelsfrei diagnostiziert, sollte die Frage: »Möchtest du mich heiraten?« mit ganz besonderer Vorsicht beantwortet werden. Auch dann, wenn die betroffene Frau nachweislich auch unter → Ehe-Wahn leidet.

✖ Kompliment-Demenz

Eine Kompliment-Demenz liegt vor, wenn eine Frau nicht in der Lage ist, sich Liebesbezeugungen eines Mannes sowie positive Äußerungen über Körpermerkmale und der von ihr ausgewählten Mode länger als einen Tag zu merken, obwohl ihr Gedächtnis sonst ganz hervorragend funktioniert.

Beziehungen leiden unter der Kompliment-Demenz, da immer noch viele Männer ungeschult im Umgang mit kompliment-dementen Frauen sind.[21] Wie schwierig die Annäherung zwischen den Geschlechtern nach Ausbruch der Krankheit ist, zeigt das nachfolgende erschütternde Beispiel aus einer klinischen Fallstudie der WHO (Welt Herzschmerz Organisation):

Sie (traurig): »Du liebst mich nicht mehr!«

Er (überrascht): »Wie kommst du denn darauf?«

Sie (noch trauriger): »Weil du es mir nie sagst!«

Er (noch überraschter): »Aber ich habe es dir doch erst gestern gesagt!«

Sie (beharrend): »Hast du nicht!«

Er (selbstbewusst): »Doch hab ich. Gestern, als ich nach Hause gekommen bin und dir eine Rose mitgebracht hatte. Weißt du nicht mehr?«

Sie (verzweifelt): »Du liebst mich nicht mehr!«

Er (ebenfalls verzweifelt): »Doch!«

Sie (aufgelöst): »Nein, tust du nicht. Sonst würdest du es mir doch sagen!«

Er (versteht die Welt nicht mehr): »Aber das habe ich doch. Gestern!! Weißt du nicht mehr?«

Sie (weint).

Therapie und Prävention

Hätte der Mann in dem oben aufgeführten Gespräch nur ein einziges Mal darauf verzichtet, sich zu verteidigen und der Frau einfach gesagt: »Ich liebe dich«, wäre es nicht zu dem dramatischen Verlauf der Kompliment-Demenz gekommen. Die Kompliment-Demenz lässt sich im Allgemeinen sehr gut behandeln. Dabei wird ein ähnlicher Therapieansatz verfolgt wie bei der

---

21 Vor allem, wenn bei der Frau neben der Kompliment-Demenz eine → Niemals-Vergesslichkeit auftritt.

→ Kompliment-Sucht. Die Heilungschancen sind bei der Demenz sogar besser, da der Anspruch der Betroffenen an Qualität, Quantität und Abwechslung der zugeführten Komplimente weniger exaltiert ist.

Ein täglich verabreichtes »Ich liebe dich« stellt bereits eine angemessene Dosierung dar, um einem Ausbruch der Kompliment-Demenz vorzubeugen. Selbst eine länger als 20 Sekunden andauernde Umarmung am Morgen kann den Ausbruch von Kompliment-Demenz verhindern.

Das Zusammentreffen von Kompliment-Sucht und Kompliment-Demenz gilt als medizinischer, nicht behandelbarer Super-GAU. In Japan entwickeln Kompliment-Wissenschaftler derzeit eine Roboterlösung, die Sucht-Demenz-Kranke zu jeder Tages- und Nachtzeit ausreichend mit Komplimenten versorgen kann.

✖ Komplimente-Sucht

Die Komplimente-Sucht gehört zu den bei Frauen am weitesten verbreiteten Suchtkrankheiten. Wird Komplimente-Sucht nicht austherapiert, kann es zu schweren Fällen von → Botoxitis, und/oder modischer Degeneration kommen. Die Betroffenen sind bereit, alles zu tun, um auf sich und ihre körperlichen Vorzüge aufmerksam zu machen. So wagen sie sich in Diskotheken selbst dann auf die Tanzfläche, wenn bei ihnen eine besonders schwere → Sexytanz-Diskrepanz diagnostiziert wurde. Zu extremen Komplikationen kommt es, wenn gleichzeitig mit der Komplimente-Sucht eine → Kompliment-Demenz auftritt. Äußert eine Frau einen der folgenden Sätze, muss daher umgehend geprüft werden, ob eine Komplimente-Sucht vorliegt:

- »Liebst du mich noch?«

- »Findest du mich noch attraktiv?«

- »Na, wie sehe ich in dem Kleid aus?«

- »Findest du, dass mein Hintern dicker geworden ist?«

- »Ich könnte schwören, dass es diese Falte gestern noch nicht unter meinem Auge gab. Ist sie dir etwa schon mal aufgefallen?«

Krankheitsverlauf

Komplimente-Sucht zeigt sich zunächst an einer inneren Anspannung, gefolgt von nonverbalen Kommunikationssignalen, wie das Tragen immer kürzerer Röcke, auffälliges Schminken sowie intensives Anschmiegen an den Partner auf dem Sofa. Wird der Betroffenen in dieser Zeit der Zugang zu ihrer Droge verweigert, treten bald die weiter oben beschriebenen Symptome und Nebenwirkungen auf.

Prävention / Therapie

Komplimente-Sucht lässt sich allein durch liebenswürdige Männer erfolgreich therapieren. In der Regel ist deshalb eine konsequente Umstellung des Lebenswandels des Mannes unerlässlich. Die vier Grundregeln der Komplimente-Sucht-Therapie lauten:

1. Überraschung

2. Aufrichtigkeit

3. Nicht abschweifen

4. Abwechslung

Zu 1. Überraschung

Es ist wichtig, die Frau mit einem Kompliment zu versorgen, bevor eines der oben beschriebenen Symptome ausbricht. Verlangt die Süchtige bereits selbst nach einem Kompliment, fordert sie es quasi ein, ist mit einem Fehlschlag der Therapie zu rechnen. Ein Kompliment wirkt ungleich stärker und länger nach, wenn die Frau davon überrascht wird.

Zu 2. Aufrichtigkeit

Nicht lügen! Komplimente-Süchtige erkennen sofort, ob ein Kompliment ernst gemeint oder nur so dahingesagt ist. Es nützt auch nichts, einer Frau zu sagen, sie habe eine schöne Nase, wenn sie tatsächlich einem Schabrackentapir ähnelt. Aufrichtigkeit ist die Grundlage eines guten und heilenden Komplimentes.

Zu 3. Nicht abschweifen

Oft neigen Männer dazu, bei Komplimenten abzuschweifen.
Ein Beispiel:
»Wow, siehst du toll in dem Kleid aus.«
Bis hierher handelt es sich um ein klassisches, wenn auch wenig originelles Kompliment. Nun dasselbe Kompliment in abschweifender Form.
»Wow, siehst du toll in dem Kleid aus. Das macht mich total scharf. Am liebsten würde ich dich jetzt von hinten nehmen.«
Durch das Abschweifen wird die Wirkung des Komplimentes komplett zerstört. Komplimente sollten – um überhaupt zu wirken – immer für sich allein stehen. So hat es sich als besonders hilfreich erwiesen, das Kompliment außerhalb einer Konversation zu platzieren. Gelingt es, die Frau mit einem Kom-

pliment zu überraschen, ist seine Wirkung am größten. Siehe auch Punkt 4.

Zu 4. Abwechslung

Komplimente nutzen sich ab. Die Komplimente-Sucht stets mit ein und derselben Leier über schöne Augen, schönes Lächeln oder die tolle Ausstrahlung zu bekämpfen, ist nicht zielführend. Eine optimale Therapie setzt immer wieder überraschende Reize. Ganz wichtig: Viele Männer glauben, dass sich ein Kompliment zwangsläufig auf das Äußere einer Frau beziehen muss. Das ist falsch. Hier ein Beispiel für ein nichtkörperliches Kompliment: »Ich habe mich sehr über deinen Anruf heute Nachmittag gefreut!«

Komplimente können auch über erreichte herausragende Leistungen (»Wow, in drei Zügen eingeparkt!«) erfolgen.

Komplimente müssen nicht zwangsläufig verbal zugeführt werden. Die visuelle Verabreichung – zum Beispiel mittels eines auf dem Badezimmerspiegel geklebten Post-Its oder gar eines handschriftlich verfassten Briefs – haben zu erstaunlichen Erfolgen bei der Therapie von Komplimente-Sucht geführt.

❌ Körper-Komplex

Der Körper einer Frau ist komplex. Die Komplexe einer Frau auch:

Hat sie Naturlocken, möchte sie lieber glattes Haar und leidet unter ihren Locken.

Hat dieselbe Frau blaue Augen, wäre ihr größter Wunsch braune oder grüne Augen, weil sie blaue Augen langweilig findet und deswegen leidet. Ist dann genau diese Frau mit einem blassen Teint von der Natur ausgestattet, wäre sie lieber der dunklere Typ und leidet unter ihrer Blässe.

Prävention / Therapie
Als besonders erfolgreich hat es sich erwiesen, niemand anderen außer der eigenen Frau schön zu finden.

Komplexe Situation	Richtige Reaktion
»Schau mal die Blondine da! Wie der alle hinterhergaffen!«	»Die? Ich krieg von der Augenkrebs!«
»Schau mal, was Gwyneth Paltrow für ein schönes Kleid auf der Oscar-Verleihung getragen hat!«	»Das hätte an dir viel besser ausgesehen!«
»Schau mal der neue Porsche. Findest du den schön?«	»Schön? Diese olle Mühle? Deine Augen sind schön. Und wie du heute deine Haare trägst … Das ist schön!«
»Das sind die schönsten Schuhe, die ich in meinem Leben je gesehen hab. Aber ausgerechnet in die passe ich nicht hinein. Ich habe Elefantenfüße!«	»Elefantenfüße?? Du?? Wer immer diese Schuhe gemacht hat, war ein Amateur, ohne Ahnung von der weiblichen Anatomie und von deinen lieblichen Füßen schon gar nicht.«
»Warum hab ausgerechnet ich so einen Schleimer zum Freund?«	»Das Gleiche dachte ich mir auch eben. Siehst Du, wie toll wir uns verstehen?«

✖ Krankhafte Schmerzresistenz

Entgegen dem Meinungstrend, Männer seien schmerzresisten-
ter als Frauen, sind Männer wesentlich schmerzempfindlicher
konstruiert, während bei Frauen eine geradezu krankhafte
Schmerzresistenz festzustellen ist. Dies liegt sowohl an einer
unterschiedlichen Verteilung der Schmerzrezeptoren, an Pro-
teinen und Botenstoffen als auch an einer psychisch geringe-
ren Schmerzresistenz des männlichen Gehirns. Zu diesem völlig neuen und überraschenden Ergebnis kamen die Forscher
Dr. Roland Greeenbaum und Prof. Conrad Smith der Universität Wisconsin. Die beiden Forscher fanden in einer speziellen
Versuchsreihe heraus, dass es zu unerträglichen Schmerzen
kommt, wenn ein Mann sich ein Epiliergerät an die Wade hält.[22]

Einzige Ausnahme
Männer können den Anblick von Staub und Schmutz innerhalb
einer Wohnung länger ertragen als Frauen (siehe hierzu auch
→ Putzmanie).

✖ Krawattenirrtum

Der Krawattenirrtum ist weniger eine Krankheit als vielmehr
ein allgemeiner, besonders aber unter Frauen verbreiteter Trug-
schluss, bei einer Krawatte handle es sich um ein Phallussymbol.
Dieser Irrglaube kann ausschließlich aufgrund eines weiblichen
Denkfehlers entstanden sein. Nicht ein einziger Mann auf dieser
Welt würde in ein Phallussymbol einen Knoten binden.

---

22 Siehe hierzu auch die Schmerz-Skala der WHO (Welt Hau-mich Organisation)

✖ Kreativismus

Kreativismus ist ebenfalls ein Leiden weiblichen Ursprungs. Die wissenschaftliche Beweislage ergibt das deutlich:

1. Kein Mann würde auf die Idee kommen, seine Frau in einem vermutlich äußerst schmerzhaften Prozess aus seinen eigenen Rippen zu schneiden.

2. Ein Blick auf einen tollen Busen, ein Superwerkzeug aus Titan, ein guter Schluck Schnaps wären akzeptable Gründe, für die ein Mann die unverzügliche Ausweisung aus dem Paradies riskieren würde. Aber wegen einem Stück *Obst*?!

✖ Kritikresistenz

Ist eine Frau nicht in der Lage, Kritik wahrzunehmen, diese zu reflektieren oder darüber zu diskutieren, und ist sie weiterhin nicht in der Lage, nach einer vorgebrachten Kritik eine Verhaltensänderung zu vollziehen, so liegt eine Kritikresistenz vor.
In der Öffentlichkeit wird die Krankheit leider nach wie vor falsch eingeschätzt. Den Betroffenen wird unterstellt, sie wollten sich lediglich nicht mit Kritik auseinandersetzen. Die Kritikresistenz wird daher auch oft mit der → Schmollwut verwechselt.
Wissenschaftliche Untersuchungen haben jedoch erwiesen, dass tatsächlich eine neuronale Fehlverknüpfung im Gehirn für die Kritikresistenz verantwortlich ist. Diese macht es den betroffenen Frauen unmöglich, Kritik als solche überhaupt zu erkennen. Stattdessen werden sie in der Annahme fehlgeleitet, der Kritisierende lehne sie als Person insgesamt ab. Unter diesem Gefühl der Zurückweisung leidet die Kritikresistente sehr.

Beispiele, wie Kritik von einer Kritikresistenten wahrgenommen wird:

Geäußerte Kritik	Wahrnehmung der Kritik
Kritik vom Chef: »Frau Müller, könnten Sie bitte Ihre hervorragende Powerpoint-Präsentation um die folgenden Punkte ergänzen?«	»Immer vergesse ich alles, ich bin eine komplette Versagerin, bestimmt werde ich bald gefeuert.«
Kritik vom Partner: »Musst du beim Pickeldrücken immer deine Fingernägel so tief in meine Haut bohren? Das tut weh!«	»Er liebt mich nicht mehr. Er hat eine andere. Er will mich verlassen, der Schuft.«
Kritik im Alltag: »Passen Sie doch auf, wo Sie hintreten!«	»Wieso kann mich niemand leiden? Ich versuche doch immer, es allen recht zu machen?«

Wie diese Beispiele zeigen, dringt die Patientin gedanklich niemals bis zur eigentlichen Kritik vor. Sie ist nicht in der Lage, die Kritik inhaltlich wahrzunehmen. Stattdessen ist sie vom Gefühl der Ablehnung durchdrungen. Die Folge sind Verzweiflung und Trauer.

Prävention / Therapie

Eine wirksame Therapie gegen Kritikresistenz ist nicht bekannt. Bedingungslose Zuwendung kann das Leiden der Betroffenen zumindest in der Partnerschaft lindern.

✖ Kronkorkenapathie

Die Kronkorkenapathie gilt als besonders grausame Krankheit. Egal, ob eine Bierflasche mit einem Feuerzeug, einem Meterstab, einer Tisch- oder der Handkante, mit einer Motorsäge, Körperteilen oder anderswie kunstfertig, unter Schmerzen, durch Kreativität oder mit Mut und Tollkühnheit in der Gegenwart einer Frau geöffnet wird – sie ist genetisch nicht in der Lage, dies wertzuschätzen, beeindruckend zu finden oder sich deswegen als Geschlechtspartnerin zur Verfügung zu stellen. **Nicht einmal dann, wenn sie selbst nicht in der Lage ist, ihre Bierflasche mit einem handelsüblichen Kapselheber zu öffnen.**

✖ Kumpelallergie

Die Kumpelallergie zählt zu den klassischen Beziehungskrankheiten, da sie nur bei Frauen vorkommt, die in einer bereits länger anhaltenden Beziehung mit einem männlichen Partner leben. Single-Frauen sind gegen die Kumpelallergie immun.

Diagnose
Zu erkennen ist Kumpelallergie an der allergischen Reaktion der Frau auf die Sätze:

– »Wir sind am Samstag bei Kalle und den Jungs zum Grillen eingeladen.«

– »Kann ich am Mittwochabend mit den Jungs auf die Hundewiese zum Kicken?«

– »Benny hat Karten für das Champions-League-Finale in London besorgt und mich eingeladen.«

– »Matsche sein Fernseher ist kaputt. Stört es dich, wenn er am Samstag zur Sportschau vorbeischaut?«

– »Pokerrunde bei Hansi? Darf ich? Bitte, bitte!«

Typische allergische Reaktionen sind:

– Übellaunigkeit

– Nöhleritis

– Einschnapp-Atmung

– Bemerkungen weit unter der Gürtellinie über das Aussehen und den Intelligenzquotienten der Kumpel.

Kumpelallergie wird dabei nicht durch spezifische Charaktereigenschaften der Kumpel hervorgerufen. Sie kann bei Frauen auch ohne persönlichen Kontakt zu den Kumpeln auftreten.

Prävention / Therapie

Noch immer unterschätzen viele Frauen die Tücken der Kumpelallergie. Sie glauben die Symptome am einfachsten zu therapieren, indem sie die Kumpel dauerhaft aus ihrem Leben und dem Leben des Partners entfernen.

Dies führt jedoch nur zu einer kurzfristigen Verbesserung der Situation, da sich in der Folge eine schwerwiegende Kumpelinsuffizienz beim Partner einstellt.

Kumpelallergie ist daher am besten zu therapieren mit:

– Einfach mal alle fünfe gerade sein lassen.

– Sich ein eigenes Hobby suchen.

– Spaß am Biertrinken finden.

– *Grey's Anatomy* 1-3 ausleihen.

✖ Kuscheltierose

Unter Kuscheltierose versteht man das Sammeln, Horten und Exponieren von Kuscheltieren (Bären, Elefanten, Hasen). Wird eine Frau auf ihr krankhaftes Kuscheltierverhalten angesprochen, versucht sie, dieses zu rechtfertigen. Die entsprechende Bindung zu jedem Kuscheltier wird erklärt und warum die Tiere unabkömmlich sind: »Den Schluppi hab ich schon auf der Reise mit meinen Eltern nach Rimini dabei gehabt. Da war ich fünf! Und auf der Rückfahrt vollgekotzt! Guck, da sieht man sogar noch was! Süß, oder?« Verfährt ein Mann hingegen ähnlich mit seiner Automodell- oder Fußballpokalsammlung, ist die Wahrscheinlichkeit hoch, dass er wieder im Hause seiner Eltern einzieht und für geistig ungesund erklärt wird. Frauen mit Kuscheltierose können darin keinerlei Parallelen zu ihrem eigenen Verhalten erkennen.

✖ Ladenhemmung

Die Ladenhemmung gehört zu den sogenannten Shopping-Krankheiten.

Typischer Auslöser für die Ladenhemmung ist:
Beim Betreten eines Ladens im preislichen Premium-Bereich versieht die zuständige Einzelhandelskauffrau (Verkäuferin) die Kundin mit einem hochgradig abschätzenden Blick. Dieser Blick bringt die Mutmaßung zum Ausdruck, dass die Kundin aus Sicht der Verkäuferin nicht über die notwendigen, finanziellen Mittel verfügt, um bei ihr ein Kleidungsstück käuflich zu erwerben: Eine Ladenhemmung kommt zum Ausbruch.

Therapie
Das teuerste Kleid der Kollektion kaufen und gleichzeitig hörbar über ein durchschnittliches Nettoeinkommen im Einzelhandels-Segment sinnieren.
Alternativ: Online-Shopping

Larsi-Fieber

Leidet eine Frau am Larsi-Fieber, leitet sie jedes Thema einer Gesprächsrunde auf ihren Exfreund Larsi um. Diese Umleitung kann völlig zusammenhangslos und losgelöst vom Kern einer Unterhaltung stattfinden. Die Larsi-Erkrankte *ergreift immer eine Möglichkeit,* um Larsi in ein Gespräch einzuflechten. Egal, worum es sich handelt. Zum Beispiel ...

– ... um Arbeitskollegen: »Du meinst, Du hast einen ungerechten Chef? Dann pass mal auf: Die hatten auch so einen cholerischen Chef. Dem hat's der Larsi aber mal so gegeben, dass er sich sogar bei ihm entschuldigt hat.«

– ... um sportliche Leistungen: »Toll! In vier Stunden nur? Der Larsi ist den Marathon in 2 Stunden und 46 Minuten gelaufen.«

– ... um Heimwerkerei: »Echt, das Regal hast Duuu gebaut? Mein Larsi hat die Blockhütte von Gerhard Schröder gebaut.«

– ... um Fieberbläschen: »Als ich mal welche hatte, da wusste Larsi sofort, was ...«,

– ... um Ficken: »Also der Larsi wartete erst, bis wir alle mehrfach gekommen waren, erst dann ...«

Es soll nicht unerwähnt bleiben, dass »Larsi« in der Gunst des aktuellen Lebensgefährten selten auf exponiertem Posten steht. Larsi kann auch als Tommi, Hansi, Oli oder Klausi auftreten, denn: Vor dem Larsi ist immer nach dem Larsi.

✖ Latenter Besserwisser-Vorwurf

Der Latente Besserwisser-Vorwurf (LBV) gehört zu den Beziehungskrankheiten. Voraussetzung für LBV ist eine Einladung an Freunde (Männer und Frauen), einen gemeinsamen Abend miteinander zu verbringen. Im Verlaufe dieses Abends führt der Gastgeber eine für ihn völlig normale Unterhaltung mit einem oder mehreren Männern. Wird der Abend beendet und ziehen die Gäste sich zurück, wird der Ehemann der an LBV erkrankten Gastgeberin latent mit dem Besserwisser-Vorwurf bedacht:

»Das war mal wieder ganz typisch. Ihr Männer unterhaltet euch nicht, sondern haltet euch gegenseitig den ganzen Abend Vorträge. Ihr seid alle Besserwisser.«

Diagnose

Jeder Mann, der diesen Satz ein oder mehrere Male zu hören bekommt, ist mit einer Frau zusammen, die unter einem chronischen Besserwisser-Vorwurf leidet. Dies gilt längst als eine wissenschaftlich erwiesene Tatsache, die nicht weiter hinterfragt werden muss.[23]

---

23 Siehe auch Fußnote der Du-fährst-Disorder.

Prävention / Therapie

Der Hinweis: »Und worüber habt ihr in der Küche die ganze Zeit gegackert? Euer Lachen hat man ja bis in den dritten Stock/ drei Häuser weiter gehört!«, ist zwar inhaltlich richtig, medizinisch jedoch vollkommen wirkungslos.

✖ Legionellen

Leidet eine Frau unter Legionellen, liegt in der Anamnese (Leidensgeschichte eines Patienten) der Krankheit nicht die Schwierigkeit, sondern das größte Problem.

Frauen, die von Legionellen betroffen sind, berichten häufig, minutiös und mit vielen quälenden Details von den Legionen ihrer Exfreunde. Im schweren Fall schwärmt sie von ihnen, im schwersten Fall hält sie zu den Exfreunden Kontakt (Reservelegionellen), im extremen Fall stellt sie in Konfliktsituationen Vergleiche an: »Der Larsi konnte wenigstens zugeben, dass er was nicht kann und auch mal zuhören. Und übrigens, *Larsi* schaffte den doppelten Windsorknoten immer beim ersten Versuch.«[24]

✖ Letztes-Wort-Dilemma

Ein Streit zwischen Mann und Frau ist erst dann beendet, wenn sie die Worte »Du musst immer das letzte Wort haben, oder?!« ausgesprochen hat. Der darin liegende Widerspruch wird selten wahrgenommen. Ein Hinweis darauf führt zu einem neuen Streit, der ebenso beendet wird. Berühmtheit erlangte das

---

24 *Larsi* ist ein Arschloch.

Letzte-Wort-Dilemma durch das Ehepaar Roland und Annegret Wickelmann. Die Wickelmanns befanden sich seit dem 14. August 1992, 17:33 Uhr im Streit darum, wer das letzte Wort haben muss. Als Annegret Wickelmann im September 2012 verstarb, schloss der Pfarrer seine Trauerrede mit dem Zitat »... und das letzte Wort hat Gott.« Roland Wickelmann erlag noch am Friedhof einem tödlichen Lachkrampf.

✖ Lichtsucht

Viele Menschen fürchten sich im Dunkeln und machen deswegen in dunklen Räumen Licht. Viele Frauen leiden allerdings unter Lichtsucht: Sie machen nicht nur Licht in dem Raum, in dem sie gerade sind. Sie machen auch Licht in allen anderen Räumen, um den Raum herum oder sogar darüber. Viele rechtfertigen ihre Lichtsucht scherzhaft damit, dass »Monster eben kein Licht mögen«.

Auswirkungen
Folgen für die Umwelt, Gefährlichkeit des Atomstroms und eine mangelnde Vorbildfunktion für Kinder lässt die Lichtsüchtige dabei ebenso außer Acht wie die Bekämpfung der eigenen Angst. Eine repräsentative Umfrage hat herausgestellt, dass es außerdem wenig bis nichts bringt, gegen Ängste Licht in einem Raum anzulassen. »Es ist völlig egal, ob es hell oder dunkel in einem Raum ist. Wichtig ist die Situation in den Schränken, Kellern und unter dem Bett.«, so ein Sprecher der befragten Monster.

✖ Lidschatten

Verliert das Make-up einer Frau – zum Beispiel durch den Ausbruch von → Heuleritis – sämtliche Konturen, ist meist ein unästhetischer, dunkler Schatten unterhalb des Auges sichtbar. Dieser muss unverzüglich behandelt werden. Am besten mit Reinigungslotion. Es kommt leider häufig vor, dass die Betroffenen den Ausbruch des Lidschattens nicht selbst bemerken. Wird ein Lidschatten bei einer Frau akut, sollte diese darauf hingewiesen werden, damit sie beim nächsten Blick in den Spiegel keinen Schockzustand erleidet. Unterlässt der Partner einen solchen Hinweis bei seiner Partnerin, ist mit einem heftigen Ausbruch von → Schmollwut zu rechnen.

✖ Liebesbezeugungszwang

Frauen, die sich in einer Liebesbeziehung mit einem anderen Menschen befinden, leiden zu nahezu 100 (einhundert) Prozent unter Liebesbezeugungszwang. Der klassische Verlauf der Liebesbezeugungszwang-Erkrankung verläuft immer nach einem ähnlichen pathologischen Muster:

Sie: »Du liebst mich nicht mehr.«

Er: »Wie kommst du denn jetzt darauf?«

»Du liebst mich nicht mehr.«

»Aber natürlich liebe ich dich noch!«

»Nein, du liebst mich nicht mehr.«

»Aha, und woran merkst du das, bitte schön, dass ich dich nicht mehr liebe?«

»Siehst du, du gibst es also zu.«

»Gar nichts habe ich zugegeben. Ich habe dich nur gefragt, woran du merkst, dass ich dich nicht mehr liebe.«

»Wenn du mich noch lieben würdest, dann wüsstet du das ganz genau.«

»Wie bitte? Entschuldige bitte, dass ich damals in der Schule gefehlt habe, als das Gedankenlesen dran war.«

»Sehr komisch! Du bist so herzlos und kalt geworden. Du interessierst dich nicht einmal dafür, warum ich denke, dass du mich nicht mehr liebst.«

»Wie bitte? Bist du jetzt vollkommen übergeschnappt?«

»Siehst du, jetzt fängst du auch noch an, mich zu beleidigen.«

»Entschuldige, ich wollte dich nicht verletzen. Aber du kannst doch nicht eine Minute, nachdem ich dich gefragt habe, warum du denkst, dass ich dich nicht mehr liebe, behaupten, dass ich kein Interesse daran hätte zu erfahren, wie du auf so einen Gedanken kommst. Ich habe dich doch eben gerade danach gefragt.«

»Ich, ich, ich ... immer redest du nur über dich. Für mich interessierst du dich kein bisschen. Du lässt mich ja nicht einmal zu Wort kommen.«

»Ich habe doch nur gesagt, dass ich dich bereits gefragt habe, wie du auf den Gedanken kommst, dass ich dich nicht mehr liebe. Es interessiert mich also sehr wohl, wie du empfindest und wie es dir geht.«

»Immer verteidigst du dich nur, anstatt mir einmal zuzuhören.«

»Okay ... bitte, ich flehe dich an: Bitte, bitte sag mir, weshalb du denkst, dass ich dich nicht mehr liebe!«

»Ach, das verstehst du sowieso nicht.«

Prävention / Therapie

Liegt Liebesbezeugungszwang vor, genügt es nicht, der Frau zu sagen: » Ich liebe dich.« Es ist absolut notwendig, ihr unmissverständlich klarzumachen, wie sehr man sie liebt. Dazu reicht es jedoch nicht aus zu sagen: »Ich liebe dich *sehr*.« Als wirkungsvolles »Sehr«-Synonym eignen sich verschiedene Schlagwörter, die von der Frau als angemessener Liebesgrößenvergleich akzeptiert werden und die bei jedem Schub der Krankheit neu zu kombinieren sind:

– Sterne aller Galaxien und Nebengalaxien

– Sandkörner der Karibik

– Wassertropfen des Ozeans

– Gräser einer Wiese

– Seiten aller Liebesromane

– Worte aller Liebesgedichte

– Töne aller Liebeslieder

Als *dringend ungeeignet* hat sich folgender Schlagwortkatalog herausgestellt:

– Vollidioten in unserer Neubausiedlung

– Macken deiner Schwester

– Vorstrafen deines Bruders und Onkels zusammen

– Schnäpse, die ich noch trinken muss

– Schulden, die wir angehäuft haben

✖ Life-Crisis

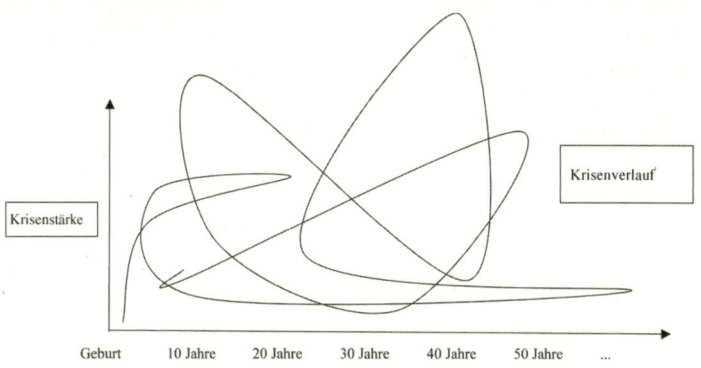

Krisenstärke

Krisenverlauf

Geburt 10 Jahre 20 Jahre 30 Jahre 40 Jahre 50 Jahre ...

Geburt plus X bis 19 Jahre

– Will ein Pony.

– Will ein Pony!

– Will ein Po-ny!!!

– Will das Pony nicht mehr, sondern mehr Zeit für den Freund.

– Will den Freund für immer.

– Will den Freund nicht mehr.

– Ist in der größten Krise ihres Lebens, weil der Freund sie nicht mehr will.

– Will anderen Freund.

– Denkt wieder kurz über ein Pony nach.

– Will, weiß auch nicht, was sie will.

– Will andere Eltern.

– Will andere Haare.

- Will andere Kleider.

- Will den Freund nicht mehr.

- Will andere Lehrer.

- Will den Freund nicht mehr.

- Will einen anderen Hintern, Haare, Busen.

- Will den Hintern, Haare, Busen auch nicht.

- Will eine andere Frisur.

- Will einen anderen Job.

- Will einen anderen Chef.

- Will den Chef nicht mehr.

- Will eine andere Stadt.

- Will den Freund.

- Will den Freund nicht mehr.

- Will den Freund für immer.

- Steht vor der größten Krise ihres Lebens: die Hochzeitsvorbereitungen.

20 bis 39 Jahre

- Will eine andere Wohnung.

- Will einen anderen Job.

- Will den Mann nicht mehr.

- Will den Mann wieder.

- Kriegt den Mann nicht mehr.

- Steht vor der größten Krise ihres Lebens: der Scheidung.

- Will mal ganz was anderes machen.

– Will mal endlich ganz für sich allein was machen.

– Will den Freund.

– Will Heiraten.

– Steht vor der größten Krise ihres Lebens: er nämlich nicht.

– Will Kinder.

– Will endlich mal wieder eine Nacht durchschlafen.

– Will endlich mal was anderes als Windeln wechseln.

– Will einen anderen Hintern, Haare, Busen.

– Will andere Kinder.

– Will einen anderen Freund.

40 bis 59 Jahre

– Will doch wieder den Freund.

– Will einen anderen Freund.

– Will einen anderen Hintern, Haare, Busen.

– Will endlich mal ganz was anderes machen.

– Will endlich ganz für sich allein was machen.

– Macht sich über die Midlife-Crisis ihres Mannes lustig.

– Will keine Hitzewallungen mehr.

– Hat keine Hitzewallungen mehr.

✖ Light-Sucht

Light-Sucht ist eine milde und illusorische Form einer Wahnvorstellung. In der Psychiatrie wird Light-Sucht auch als inhaltliche Denkstörung definiert.

Ausbreitung
Die Lebensmittelindustrie nutzt die Erkrankung zu ihren Vorteilen: Bei Versuchen unter Realbedingungen wurde getestet, wie weit sich die Ratio bei Betroffenen ausschalten lässt. Als sich herausstellte, dass sich selbst Wasser problemlos mit der Bezeichnung »light« verkaufen ließ, konnten die Versuche eingestellt und sämtliche weitere Bedenken ausgeräumt werden. Sozialökonomische Verhaltensforscher machen derzeit Versuche mit alternativen Worten zu »light« und untersuchen diese auf ein ebenso starkes Krankheitspotenzial. Bisher untersucht wurden die Begriffe:

- Frühlingsleicht

- Locker

- Luftig

✖ Make-up-Mimik

Bevor Frauen Make-up auflegen, müssen sie eine wenig ästhetische Prozedur durchmachen: die Make-up-Mimik. Dabei exerzieren sie die gesamte Palette aller Mimiken durch, zu denen das menschliche Gesicht fähig ist. Viele Männer sind dabei schon in Panik geraten und riefen die Ambulanz an, weil sie die Wimperntusche in der Hand ihrer Frau zu spät bemerkten. Es wird vermutet, dass Laura Catherine Bjølstad ihren Mann Edvard Munch zu seinem berühmtesten Bild[25] inspirierte, als sie ihren Lippenstift auftrug. Dies ist eines der vielen Beispiele für Frauen, die mit ihrem skurrilen »Schminkgesicht« Künstler anregten, ebendies abzubilden. Das Lächeln der Mona Lisa fing da Vinci wohl in dem Moment ein, als diese just ihren Lipgloss mit der Oberlippe auf der Unterlippe verteilen wollte. Der deutsche Fotograf Jesper Brimgeld zeigte 2010 in Mannheim eine Ausstellung von Frauen-Portraits mit Make-up-Mimiken. Die Ausstellung lief unter dem Titel: »Bilder einer Baustelle«.

Experten unterscheiden verschiedene Phasen der Make-up-Mimik:

Schminkvorgang	Bezeichnung der Make-up-Mimik
Auftragen des Lippenstiftes	Der Schrei
Kontrollieren des Lippenstiftes	Der Joker
Verteilen des Lipglosses auf den Lippen durch die Lippen	Mona Lisa
Auftragen von Mascara auf die unteren Wimpern	Triefauge
Auftragen von Mascara auf die Unterseite der oberen Wimpern	Kinski wirkt überrascht
Auftragen des Eyeliners oder Kajals auf das untere Lid	Ching chang chung, Chinese sei nicht dumm

---

25 »Der Schrei«, 1910, Tempera auf Pappe, 83,5 cm × 66 cm

Schminkvorgang	Bezeichnung der Make-up-Mimik
Auftragen des Eyeliners auf das obere Lid	Kinksi eskaliert
Auftragen des Lidschattens	Halbmast
Nachziehen der Augenbrauen	Huhu Uhu!

Mimikritik-Syndrom

Konversationen mithilfe der Mimik stellen dann keinen Befund dar, wenn diese in einem allgemeinen Rahmen als gebräuchlich gelten wie: Schulterzucken, Augenbrauenheben, Naserunzeln, Flunschen. Erfolgen diese jedoch nicht spontan, sondern gewollt und ausschließlich zur Ausübung von Druck und als kommunikative Kampftechnik, ist vom Mimikritik-Syndrom die Rede. Diese Syndrome sind nachfolgend in ansteigender Stärke sortiert:

Bezeichnung	Vorgehen	Aussage
Leichter Dall	Ein Auge wandert leicht nach innen.	Deine letzte Bemerkung oder Aktion war peinlich. Du machst dich gerade zum Horst. Blödes Wortspiel.
Hirngucker	In beiden Augen wird das Weiße sichtbar; die Augen betrachten das Kopfinnere.	Mann, bist Du ein Depp. Womit hab ich diesen Pfosten eigentlich verdient?

Bezeichnung	Vorgehen	Aussage
Arger Schmetterling	Der Blick, der aus Stahl Fimo macht.	Noch ein Wort, Bürschchen, nur noch ein einziges Wörtchen ... Gleich muss ich ihm leider mitteilen, dass er der gleiche Hanswurst ist wie sein Vater ...
Die Todesmaske der Nofretete	Abschalten jeder Mimik, Schließen der Augen.	So. Das war zu viel. Schloch.
Emily-the-Strange	Gleiche Mimik wie Kinderzombies in Horrorfilmen.	Rache. Sag Tschüss zu deinem St.-Pauli-T-Shirt und allem, was dir lieb ist.
The Hopping Back	Der Körper wird ruckartig vom Partner abgewendet, die Hände gehen dabei ans Gesicht; die Schulterblätter hüpfen krampfartig auf und ab.	Jetzt hast Du's endgültig geschafft. Dusackdu.

 Missionars-Krankheit

Die Missionars-Krankheit bei Frauen drückt sich in einer chronischen, qualitativen und quantitativen Unlust am Sex aus.

Verbreitung:
Die Missionars-Krankheit tritt besonders häufig bei Frauen auf, die länger als fünfzehn Jahre mit ein und demselben Mann verheiratet sind oder in einer eheähnlichen Beziehung leben.

Diagnose

Die Missionars-Krankheit bei Frauen ist zum Beispiel am permanenten Tragen von Outdoor-Jacken im Alltag, am praktischen Kurzhaarschnitt, an der Fielmann-Brille und an den ausgebeulten Jogginghosen im Wohnbereich zu erkennen.

Ursachen:

– Vom Ehe-Partner nur noch Mutti gerufen werden.

– Der Besitz von weniger als zehn Paar Schuhen.

– Der Besitz von Unterwäsche aus dem Vorteilspack.

– Allabendlicher Bier-Atem beim Partner.

– Bezeichnung der weiblichen Brust durch den Partner als »Hupen«.

– Minütliches Kratzen des Partners an dessen Gemächt.

Therapie

– Scheidung

– Großeinkauf bei Agent Provocateur.

– Mit einem zehn Jahre jüngeren Mann ausgehen.

✖ Mittagshitze

Sucht eine Mutter mit ihren Kindern mittags oder in den Stunden danach krampfhaft nach Schatten, so leidet sie aller Wahrscheinlichkeit nach an Mittagshitze. Mittagshitze gehört zu den klassischen Mutti-Krankheiten. Sie tritt besonders in den Sommermonaten sowie auf Urlaubsreisen in südliche Länder auf. Bei der Mittagshitze handelt es sich um eine generalisierte Angststörung vor den Gefahren der Sonne. Daher kann Mittagshitze selbst bei moderaten Temperaturen und bewölktem Himmel auftreten.

Diagnose

Die Anamnese ist in den meisten Fällen von Mittagshitze sehr einfach. Man erkennt die Krankheit meist an:

– Blassen Kindern

– Kindern, die den Strand nur mit Sonnenhut und UV-Schutzkleidung betreten dürfen.

– Kindern, die den halben Tag am Strand unterm Sonnenschirm sitzen müssen.

– Kindern, die alle halbe Stunde mit Sonnenlotion (mindestens Lichtschutzfaktor 50) eingerieben werden.

Krankheitsverlauf

Je weiter der Vormittag voranschreitet, desto größer werden bei der Betroffenen Unruhe und Nervosität. Hält sich die Kranke mit ihren Kindern um die Mittagszeit noch in der Gefahrenzone – also der Sonne – auf, so muss der Partner im schlimmsten Fall mit einem Ausbruch von → Schreihals rechnen. Ab 16 Uhr legt sich die Nervosität. In den Abendstunden lindert schließlich das Verabreichen von After Sun Lotion das Leiden.

Prävention / Therapie

Sommerurlaub in Irland, Schottland oder in skandinavischen Ländern.

✖ Mittelohrentzückung

Frauen mit Mittelohrentzückung erleiden eine starke Reizung sämtlicher Synapsen, wenn ihr Partner ihnen beim Sex leicht ins Ohr haucht. Leichtes-Ins-Ohr-Hauchen außerhalb von sexuellen Handlungen oder Partnerschaften gilt als sittenwidrige Ausnutzung einer Erkrankung und ist strafbar.[26]

✖ Monogamie

Monogamie ist eine weit verbreitete Beziehungskrankheit, in deren Folge sich eine Frau vollkommen auf ihren Partner fixiert und bei diesem jeden psychischen und physischen Kontakt zu anderen Frauen unterbindet.

Prävention / Therapie
Viele Männer müssen noch immer unter der weiblichen Monogamie leiden. Dabei lässt sich die Krankheit heutzutage ausgezeichnet behandeln, indem der Mann das spontane Nachpfeifen anderer Frauen einstellt.

✖ Morbus Kram

Spätestens mit Eintritt in die Pubertät verlieren Jungen die Freude am Herumtragen von Murmeln, Froschaugen, seltenen Kieselsteinen und Sammelbildchen. Ihr Immunsystem beginnt,

---

26 Siehe Urteilsspruch des Oberlandesgerichtes Karlsruhe (Aktenzeichen I R 2398 /02), Dr. R. Müller: »Hihihi. Doch nicht in meinem Amtszimmer, Hase.«

das Mitführen von Kram abzuwehren. Die Entwicklung bei Mädchen hingegen verläuft konträr und führt zum Morbus Kram.

Diagnose

Der Morbus Kram ist eine chronische Mitführschwäche und kann auch von Laien diagnostiziert werden. Die Stärke und Ausprägung der Krankheit lässt sich an der Größe der Handtasche im Verhältnis zu dem nutzlosen Inhalt ableiten.

– In leichten bis minderschweren Fällen hat die Handtasche eine Größe, die es erlaubt, einen Gegenstand auf dem Boden der Tasche bis zu 20 Minuten erfolglos zu suchen.

– Bei fortgeschrittener Erkrankung hat die Handtasche die Größe eines kleinen Drogeriemarktes und ist begehbar.

– Schwere und schwerste Fälle des Morbus Kram bringen Handtaschen in Größen mit sich, deren Volumen problemlos Viehzucht und Ackerbau erlaubt.

✖ Multitasking[27]

Multitasking ist das zwanghafte Herbei- und Ausführen verschiedener, voneinander unabhängiger Handlungen zum gleichen Zeitpunkt.

Gefährlichkeit

Multitasking gilt als extrem gefährlich, da die Betroffenen das Multitasking nicht als Krankheit, sondern als Gabe empfinden,

---

27 Sollten Sie bei der Lektüre dieses Buches gleichzeitig noch fernsehen, telefonieren, jonglieren, das Abendessen zubereiten und sich vollkommen glücklich fühlen, können Sie die folgenden Zeilen ruhig überspringen.

die ihre Leistungsfähigkeit steigert. Um sich die Gefährlichkeit von Multitasking in vollen Ausmaß vor Augen zu führen, hier einige Beispiele:

- Operation am offenen Hirn durchführen und Kindergeburtstag planen.

- Sonderangebote im Schaufenster wahrnehmen und Fußgängern ausweichen.

- Körperfunktionen auf ein Minimum reduzieren und Konversation betreiben.

- Babyfon beachten und Chips hinunterschlucken.

- Sex haben und an die noch zu erledigenden Wochenendeinkäufe denken.

- Keifen und Zetern.

Beim Multitasking kommt zu den kombinierten Punkten 1 bis 4 noch die Fähigkeit hinzu, gleichzeitig Fragen zu stellen, die in keinerlei Zusammenhang mit den Tätigkeiten stehen.

Übertragbarkeit

Multitasking ist auch – entgegen anderslautenden Vermutungen – unter Männern weit verbreitet, tritt jedoch nicht in der gleichen Komplexität wie bei Frauen auf. Die Unterstellung von Frauen, ihre Männer litten unter Multitaskingunfähigkeit (seien also generell Multitasking*unfähig*) ist nachweislich falsch. Hier einige signifikante Beispiele, welche die Multitaskingfähigkeit von Männern belegen, wie etwa gleichzeitiges:

- Gehen und Kaugummikauen / Stehen und Kaugummikauen

- Sich-Freuen und Klatschen

- Rülpsen und Furzen

- Zappen und Chipsgreifen (bereits grenzwertig)

- Hauen und Stechen

✖ Nachvorwurf

Von Nachvorwurf ist die Rede, wenn sich eine Frau zusammen mit ihrem Partner in der Öffentlichkeit bewegt und eine attraktive Frau im gemeinsamen Blickfeld erscheint. Hierbei ist das Verhalten des Mannes, nämlich ob er einen Blick auf die erschienene Frau wirft, für den Verlauf des Nachvorwurfs irrelevant. Der Nachvorwurf der Frau erfolgt in jedem Fall und unterscheidet sich lediglich in verschiedenen Ausprägungen.

Ausprägungen des Nachvorwurfs sind:
»Die hat dir gefallen, oder? Sonst hättest Du nicht so demonstrativ woanders hingeschaut.«
»Tu nicht so unauffällig oder ich schaller' dir gleich eine!!!«
»Hallo? Du könntest dir wenigstens das Glotzen verkneifen, wenn ich dabei bin?«
»Du hast mich jetzt doch nur an der Hand genommen, weil du ablenken willst! Dann geh doch mit der Tussi da mit, du Schwein.«

Prävention / Therapie
Gegen den Nachvorwurf gibt es keinerlei Handhabe oder Heilmittel. Ein sehr leise gedachtes »Rattenscharf war die trotzdem« kann aber auch nicht schaden.

✖ Nacktschizophrenie

Von der Nacktschizophrenie sind Frauen betroffen, die eben noch hemmungslosen Sex mit ihrem Partner hatten, im direkten Anschluss daran das Bett jedoch nur mithilfe einer fest um den Körper geschlungenen Bettdecke verlassen. Die Nacktschizophrenie wurde in den Jahren 1912, 1978, 1998, 2001 und 2012 als **Nr. 1** in die **»Liste der liebenswürdigen Eigenschaften«** gewählt.

✖ Neigungshemmung

Den allerwenigsten Frauen ist es möglich zuzugeben, dass sie der neue Freund ihrer Freundin optisch anspricht oder sie diesem – unter anderen Umständen – sogar sexuell zugeneigt wären. Während Männer komplett andere Schwerpunkte setzen, zum Beispiel:

»Alter Schwede! Echt, *die* ist deine Neue oder was? Wow. Wie hast Du dummer Zipfel die denn rumgekriegt?! Ja Schackalack! Und nett ist sie wohl auch noch, oder was?«, müssen Frauen ihr Statement mit einer angehängten Aussage relativieren: »Hmm. Der sieht süß aus. Ist aber irgendwie nicht mein Typ.«[28]

✖ Nerdmissbrauch

Stachelt ein gutaussehendes Mädchen oder eine attraktive Frau durch große Freundlichkeit einen Nerd an, um dessen Fachwis-

---

28 Letzterer Satz mit freundlicher Genehmigung des »Chick Code« ISBN 978-3868831696

sen für sich zu nutzen, ist dies eine gesunde, allgemein prakti-
zierte Handlung und führt zu keinerlei Befund. Dabei spielt bei
der Inanspruchnahme des Nerds weder die Häufigkeit, Dring-
lichkeit, Unzeit oder jegliche ausbleibende Gegenleistung eine
Rolle.

Wird ein Nerd jedoch zweckentfremdet, ist dies ein einfacher
Nerdmissbrauch. Findet eine Frau Gefallen an der Zweckent-
fremdung eines Nerds, weil dessen Fähigkeiten im handwerklichen Bereich oder dessen Ungelenk ihr drollig erscheinen, kann
dies zu einem schweren Nerdmissbrauch führen, der als krank-
haft zu bezeichnen ist. Dabei nutzt die Erkrankte häufig den
Effekt, dass ein durchschnittlicher Nerd, getrennt von Tastaturen
und Codes, mit blindem Eifer reagiert. Zwar ist in erster Linie
die Frau erkrankt, dennoch sind die Folgen für den Nerd oft
wesentlich gravierender: Es sind Fälle bekannt, bei denen eine
Frau zu ihrem Umzug ausschließlich Freundinnen und Nerds
berief, die sich unter dem schallenden Gelächter der Frauen
schwer verletzten oder verliebten.

✖ Neurosen

Wünscht eine Frau eine täglich garantierte Versorgung mit frischen Blumen, leidet sie unter Zwangsneurosen. Müssen diese
in einer täglich wechselnden Vase präsentiert werden, ist eine
Gefäßneurose offensichtlich. Eine mildere Form der Neurose
besteht, wenn die Frau nur auf ein einziges Blümchen täglich
Wert legt. In diesem Fall spricht die Wissenschaft von einer
Rosette.

Prävention / Therapie

Eine Heilung von Neurosen ist bisher nicht möglich. Sämtliche Versuche, die Neurosen mit pflanzlichen Plastiknachbildungen einzudämmen, sind fehlgeschlagen. Sind Neurosen festgestellt, muss die Betroffene regelmäßig mit frischen Schnittblumen (Rosen, Strelitzien, Tulpen) versorgt werden. Gelingt dies nicht, geht die Patientin innerhalb weniger Wochen ein, selbst dann, wenn der behandelnde Arzt einen grünen Daumen hat.

Nichtsose

Löst eine emotional bedingte Disposition die Frage »Ist was?«/ »Hast du was?« aus und ist die erhaltene Antwort »Nichts«, handelt es sich:

a) Um nichts und die Frau hing einfach irgendeinem Gedanken nach.

b) Höchstwahrscheinlich um einen akuten Fall von Nichtsose.

Im Fall a) kann jedwede andere Beschäftigung bedenkenlos fortgeführt werden, weil ja nichts ist[29].

Im Fall b) muss sofort gehandelt und das »Nichts« fachmännisch interpretiert werden. Möglichkeiten wären:

– Ein fröhlich ausgesprochenes »Nichts« kündigt eine positive Überraschung an. Nachbohren einstellen und freudiges Erwarten ist angezeigt, weil etwa die Vorführung neuer Unterwäsche bevorsteht oder ein spontaner Liebesurlaub in Planung ist.

---

29 Ihre Approbation als praktizierender Partner wurde Ihnen eben entzogen. Wie blöd kann man eigentlich sein? Sie haben es wohl zum ersten Mal mit einer Frau zu tun oder ihren Partnerberechtigungsschein in einer Chipstüte gefunden.

– Eine kurze Pause vor dem »Nichts« lässt auf eine gewisse Überreiztheit schließen. Die gleichen Anamnese-Maßnahmen wie bei der → Schmollwut durchgehen. Vorsicht mit Rechtfertigungen! Sie können einer Besänftigung massiv im Wege stehen.

– Kommt das »Nichts« schnell und relativ laut, begleitet von Übersprunghandlungen wie Herumwischeln oder -räumen (siehe auch → Hinter-dem-Kühlschrank-Putz-Phänomen) sind Ruhe und Besonnenheit angesagt, denn hier donnert es gleich gewaltig.

– Ein lautes »Nichts« mit deutlichem Tremolo und einer gewissen Hysterie bahnt eventuell die Infragestellung der Beziehung an. Oder den Besuch der Schwiegermutter. In beiden Fällen ist ein angemessener Rückzug, eingehende Beratung mit Freunden, ein mittelprächtiger Rausch oder alles zusammen gerechtfertigt.[30]

✖ Niemals-Vergesslichkeit

Während Frauen sich, genetisch bedingt, nicht merken können, welche Automarke ihr Freund fährt oder sie selbst, können sie sich ohne Anstrengung daran erinnern, welches Kleid, Schuhe, Handtasche und welchen Seidenschal sie vor acht Jahren beim 13. Date mit ihrem Freund trugen, was er anhatte und dass das Futter des Vintagerocks der blonden Bedienung überhaupt nicht zu deren Nagellack passte.

Die Niemals-Vergesslichkeit ist häufig Auslöser von kleinen Zwistigkeiten zwischen Paaren. Frauen gehen davon aus, dass die Garderobe, die für ihr atemberaubendes Dekolleté verantwortlich ist, sich im Hirn des Mannes für immer eingebrannt haben müsste. Männer können hingegen nur mit großer Wahr-

---

30 Mit freundlicher Genehmigung der Chicks aus: Der Chick Code: Das Gesetzbuch für Chicks und den Umgang mit Bros.

scheinlichkeit sagen, dass ihre Frau dabei (und die blonde Bedienung irgendwie nett) war.

Niemals-Vergesslichkeit führt bis hin zu Vendettas und Blutfehden epochalen Ausmaßes zwischen vormals eng befreundeten Familienclans. Beispiele:

– Der kolumbianische Schriftsteller Garbanzo García Márquez beschreibt in seinem nichtfiktionalen Roman »Tragik eines angekündigten Todes« die gegenseitige blutige Ausrottung zweier Großfamilien, nachdem die Tochter der einen Familie aus Versehen ein extra für sie besticktes Taschentuch an die Clan-Älteste der anderen Familie anlässlich eines gemeinsamen Abendessens zurückschenkte.

– Olivia Kahn hielt ihren mongolischen Fürstengatten Dschingis dazu an, halb Asien hinzuschlachten, weil ihre ehemalige beste japanische Freundin sich die gleichen Schnürschühchen gekauft hatte.

– Als ein unvorsichtiger argentinischer Diplomat laut einen Witz erzählte, in dem die Worte »dämlicher Heudeudel« und »Dumbo-Ohren« vorkam, gingen die Konsequenzen daraus viele Jahre später als Falklandkrieg in die Geschichtsbücher ein.

Nöhleritis

Bei der Nöhleritis – auch als Dauerunzufriedenheit bekannt – handelt es sich um eine schwerwiegende psychische Störung, die es der betroffenen Frau unmöglich macht, positiv zu denken, Licht am Ende des Tunnels zu sehen, Glück zu empfinden oder herzhaft zu lachen. Nöhleritis gehört zur Kategorie der Alterskrankheiten. Ab einem Alter von 50 Jahren steigt für Frauen die Wahrscheinlichkeit, an Nöhleritis zu erkranken, rapide an.

Im Anfangsstadium wird Nöhleritis häufig als → Schnippismus fehldiagnostiziert.

Bei der Nöhleritis handelt es sich nicht um eine schützende Abwehrhaltung, sondern um eine fehlgeprägte Grundeinstellung zum Leben an sich. Um das Ausmaß der Krankheit zu verdeutlichen, hier ein Blick auf den in Studien der WHO (Was-ein-Scheißtag-Heute-wieder Organisation) ermittelten klassischen Tagesablauf einer Nöhleritis-Kranken (NK):

3:30 Uhr: In drei Stunden klingelt der Wecker. Die NK liegt im Bett und kann nicht schlafen. Sie weckt ihren Mann, um mit ihm zu diskutieren, warum sie eine so verdammt schlechte Matratze haben und wie sie jemals so einen wie ihn heiraten konnte.

3:46 Uhr: Der Mann der NK hat sich im Badezimmer eingeschlossen, um vor verbaler und tätlicher Verfolgung sicher zu sein, und schläft in der Badewanne.

3:50 Uhr: Die NK langweilt sich und beginnt ein Buch zu lesen.

3:53 Uhr: Die NK findet das Buch scheiße, recherchiert die Mail-Adresse des Autors im Internet und schreibt ihm einen sehr langen Brief. Unter anderem darüber, wie schade es um die Bäume sei, die für seine Bücher sterben mussten.

3:54 Uhr: Die NK ist eingeschlafen.

6:30 Uhr: Der Wecker klingelt. Die NK ist unzufrieden, weil sie sich nicht an ihre Träume erinnern kann.

6:34 Uhr: Die NK wirft mit einem Becher – gefüllt mit von ihrem Mann gekochtem Versöhnungskaffee – nach selbigem, weil er zu heiß, zu süß und zu stark ist.

6:50 Uhr: Die NK würde beim Versuch sich anzuziehen am liebsten alle ihre Klamotten im Schrank verbrennen, weil die Hosen, Röcke, T-Shirts und Blusen zu alt und zu hässlich sind.

6:55 Uhr: Die NK verflucht beim Blick in den Spiegel ihren Friseur und beschließt, sich einen neuen zu suchen. Den Zehnten innerhalb von sechs Monaten.

7:30 Uhr: Die NK verlässt das Haus, um in ihre viel zu schlecht bezahlte Arbeit zu fahren. Sie findet das Wetter zu kalt, ihren Weg hässlich, die ganze Stadt zum Kotzen und Autofahrer eine zum Abschuss freizugebende Spezies.

7:32 Uhr: Der Gedanke, dass es nur noch 5 Jahre bis zur Rente sind, sorgt für einen kurzen Anflug von Zufriedenheit bei der NK. Dieser klingt jedoch im gleichen Moment ab, indem die NK an die Höhe der zu erwartenden Rentenbezüge denkt.

7:36 Uhr: Die NK sitzt in der Straßenbahn, in der es viel zu heiß ist.

7:38 Uhr: Die NK klärt in der Straßenbahn sitzende Schulkinder über das richtige Verhalten gegenüber Erwachsenen auf und benutzt dabei Schimpfworte, die die Kinder zum ersten Mal in ihrem Leben hören.

7:42 Uhr: Die NK teilt dem Straßenbahnfahrer beim Aussteigen mit, dass seine unsensible Fahrweise bei ihr zu Darmverschlingungen geführt hätte und er deshalb bald von ihrem Anwalt hören werde.

An dieser Stelle musste die Studie abgebrochen werden, weil die NK keine Lust mehr hatte, von dem unnützen Pack an Wissenschaftlern befragt zu werden.

Gefährlichkeit

Nöhleritis kann sowohl vom Mann auf die Frau als auch von der Frau auf den Mann übertragen werden. In letzterem Fall verwandelt er sich innerhalb von Wochen von einem lebensfrohen Abenteurer in einen alten Zausel, der Kindern das Ballspielen auf Grünflächen untersagt oder aber an den Mülltonnen hinterm Haus herumlungert und jeden beschimpft, der seinen Abfall nicht ordentlich getrennt hat.

Prävention / Therapie

Die Heilungschancen von Nöhleritis sind sehr gering, da es bei Nöhleritis-Behandlungen überproportional oft zu Komplikationen kommt. 99 Prozent der Patientinnen überleben die Therapie nicht. Als Ursache dafür gilt die ungeheure Genugtuung und Erleichterung, die Ärzte beim tödlichen Verlauf der Therapie verspüren.

✖ Notorische Zahlungsunfähigkeit

Notorisch zahlungsunfähige Frauen verfügen meist über die gleichen oder sogar mehr finanziellen Mittel als ihre männliche Begleitung, von der sie sich ausführen und einladen lassen. Es sind Fälle bekannt, bei denen sich notorisch zahlungsunfähige Frauen so lange von einem Mann in teure Restaurants einladen ließen, bis dieser zahlungsunfähig war. Daraufhin erfolgt sofort die Trennung, mit der Begründung, dass der altmodische Macho erstens denkt, er könne sich die Zuwendung einer Frau erkaufen und zweitens nicht gut genug mit Geld umgehen kann, um eine Familie zu ernähren.

✖ Orangenhaut

Die Haut ist, durch ihre enorme Oberfläche und ihre vielfältigen, lebenswichtigen Körper-, Stoffwechsel- und Immunfunktionen und aufgrund ihrer Struktur die größte Orange des weiblichen Körpers.

✖ Outfiteritis

Entschließt sich eine Frau X, etwas für ihre Figur und Fitness zu tun, wählt sie eine Sportart aus, die ihren Vorstellungen und Vorlieben entspricht oder sie einer genau definierten Zielführung näher bringt. Dazu zieht sie sich einen *bereits vorhandenen Sportanzug* an und beginnt, die Sportart zu praktizieren. Frau X lebt sehr zurückgezogen in der Nähe von Wuppertal und gilt als Sonderlingin.

Alle anderen Frauen wählen eine Sportart nach ästhetischen Gesichtspunkten aus, nämlich in welchem Sport-Outfit sie die beste Figur machen. Da dies bei vielen Sport-Outfits eine gewisse Grundstabilität der Figur voraussetzt, ist dies die Initialzündung für einen Teufelskreis – der Outfiteritis. Diese folgt meist dem gleichen Verlauf, hier schematisch dargestellt:

Sportart aussuchen – Outfit kaufen – Sportart ausprobieren – Sportart aussuchen – Outfit kaufen – Sportart aussuchen – Outfit kaufen – Sportart ausprobieren – Sportart aussuchen ...

Outfiteritis ist schon allein deswegen eine sehr komplexe Krankheit, da Frauen Sport betreiben möchten, um eine bessere Figur zu bekommen, jedoch ohne diese bessere Figur nicht bereit sind, die entsprechenden Sportsachen anzuziehen.

✖ Parkihnsohn

Überlässt eine Frau das Einparken ihres Wagens in die Garage anderen Familienmitgliedern, handelt es sich um Parkihnsohn. Verschiedene Krankheitsvariationen sind bekannt:

– Parkihnfräulein

– Parkihnpapa

– Parkihnduschnell

– Fuckfuckfuck

– Bleibterhaltdraußen

✖ Philosophieles

An Philosophieles erkrankte Frauen zeigen ein übersteigertes Interesse am Sein, am Nichts sowie den Atemtechniken beim Yoga. Oft tritt Philosophieles gemeinsam mit dem → Horoskop-Spasmus auf. Werden Philosophieles-Kranke zu Beginn der Erkrankung noch als interessierte, diskussionsfreudige Persönlichkeiten wahrgenommen, fallen sie im weiteren Verlauf der Krankheit durch obsessives Verhalten auf. Darunter fallen wiederholte Fernreisen nach Indien, das Tragen von weiten, orangefarbenen Kleidern, fernöstliche Papierfalttechniken, afrikanische Tanzrituale, das Auswendiglernen der Kabbala-Mythen sowie die stark erhöhte Bereitschaft zur Kopulation mit Männern, die ihnen Antworten auf die folgenden Fragen versprechen:

– Was ist der Sinn des Lebens?

– Woher kommen wir?

– Wohin gehen wir?

– Was ist wahr?

– Was ist falsch?

– Was wissen wir wirklich?

– Gibt es einen Gott?

– Was macht eigentlich der Wind, wenn er nicht weht?

Prävention / Therapie

Die meisten an Philosophieles erkrankten Frauen setzen auf Selbstheilung. Am geläufigsten ist dabei die Aromatherapie mittels Räucherstäbchen. In der Regel reicht das Einatmen von 10 000 bis 15 000 Stäbchen für die Heilung aus. Philosophieles-Patienten sind also nach zirka drei Jahren beschwerdefrei. Allerdings gibt es eine extrem hohe Rückfallquote, häufig verbunden mit bronchialen Nervenzusammenbrüchen.

✖ Pimmel auf dem Kopf

Diese Krankheit, die treffend Pimmel auf dem Kopf heißt, hat, entgegen aller anders lautenden Vermutungen, nichts mit Sexualpraktiken, Penisneid oder Kannibalismus zu tun. Sie ist vollkommen ungefährlich und kommt lediglich dann zum Ausbruch, wenn britische Mädchen eine »Hen Party«, also einen Junggesellinnenabschied, feiern. Pimmel auf dem Kopf wurde noch in keinem einzigen Fall chronisch und der Pimmel auf dem Kopf heilt sofort ab, sobald die Party ein Ende findet. Die bepimmelten Haarreifen werden einfach abgenommen und bis zum nächsten Junggesellinnen-Einsatz aufbewahrt.

 Popel-Phobie

Der berühmte Popologe Prof. Dr. Grünstein stellte schon vor etwa 100 Jahren fest: »Mit Popeln geht es der Frau wie dem Elefanten mit der Maus.« Das heißt, sie fürchtet sich, obwohl es dafür keinen vernünftigen Grund gibt. So werden Frauen beim Anblick von Popeln und/oder dem Versuch, einen solchen aus der Nase zu befördern, von schmerzhaften Ekel-Anfällen mit Schmerzintensität 7 geplagt.[31] Dabei spielen Beschaffenheit und Farbe des Popels keinerlei Rolle für das Auslösen des Ekels.

Nebenwirkungen von Popel-Phopie können sein:

– Sexentzug

– Auf dem Sofa schlafen.

– Knuffen in die Bauchseite.

– Beschimpfungen als »altes Ferkel«.

Prävention / Therapie

Auf keinen Fall sollte man versuchen, die Krankheit mittels Schocktherapie zu heilen. Versuche, die Betroffene von der Harmlosigkeit eines Popels zu überzeugen, indem ihr dieser zur Betrachtung auf einer Fingerspitze präsentiert wird, erhöhen die Schmerzintensität des Ekel-Anfalls auf 9 und sind fruchtlos.

---

31 Siehe Schmerzskala S. 247

Auch der Verzehr von Popeln ist nicht geeignet, um positive Therapieerfolge zu erzielen. In diesen Fällen kann es sogar zu → Schreihals bei den betroffenen Frauen kommen.

Heimliche Nasialablationen sind ebenfalls nicht geeignet, den Ausbruch von Popel-Phobie zu verhindern, wenn sich die Frau noch in Hörweite befindet. So reicht die meist »verdächtige Stille« während der Biopsie oder aber das entspannte Nase-hochziehen nach erfolgreicher Bohrung aus, um einen Ekel-Anfall auszulösen.

Exkurs

Mediziner auf der ganzen Welt sehen in der Popel-Phobie bei Frauen ein Dilemma, da sie im Widerspruch zu anderen Frauen-krankheiten steht. Etwa eine Kontradiktion zum sogenannten → Pusteldruck. Studien haben nämlich ergeben, dass Popel-Phopie und Pusteldruck sich keineswegs ausschließen und bei Frauen gleichzeitig vorkommen. Doch während das Ausdrücken eines eitrigen Pickels bei der Frau ungeahnte Hochgefühle auslöst, ver-ursacht der gemeine Nasenpopel nichts als Ekel. Die Mediziner er-hoffen sich daher von der Aufklärung des Pickel-Popel-Paradoxons wichtige Erkenntnisse über die Beschaffung des Weiblichen an sich.

✖ Postkoitaler Kuschelreflex

Während Männer das Anrücken ihrer Partnerin im postkoita-len Kuschelreflex der Suche nach Nähe und Bindung zuschrei-ben, begründet sich der postkoitale Kuschelreflex eigentlich in einer tiefen Abneigung der Frauen gegen das Liegen auf dem »feuchten Fleck«.

✖ Prerelative Namensverweigerung

»Ich gehe heute mit dem Münchner joggen.«, »Keine Ahnung, ob Lockenkopf Geschwister hat.«, »Der Messebauer hatte letztes Mal coole Wildlederstiefel an.« Solche und ähnliche Aussagen trifft eine Frau in der Phase der prerelativen Namensverweigerung. Beim Namensersatz handelt es sich alternativ um den Wohnort, ein körperliches Merkmal oder die Berufsbezeichnung eines Mannes. Die prerelative Namensverweigerung kommt zustande, wenn sich eine Beziehung mit einem Mann anbahnt, aber noch keine Liebesbeziehung ist. Erst ab dem Eintritt einer Verliebtheit nennt die Frau den Mann bei dessen wirklichem Vornamen. Als gesichert gilt, dass Frauen dies nicht etwa tun, weil sie sich den Namen des Mannes nicht merken können. Die These, damit einen gewissen Abstand zum neuen Liebhaber zu schaffen, hat hingegen mehr Bestand. Bleibt die Beziehung ausschließlich sexuell und wird nach relativ kurzer Zeit beendet, bleibt die Frau bei der Namensverweigerung. Diese heißt dann allerdings postrelative Namensverweigerung: »Der Münchner war eben der gleiche Arsch wie alle anderen Münchner auch.«, »Der hat sich nur für seine bescheuerte Ex interessiert, der dämliche Lockenkopf.«, »Ich sag Dir, der Messebauer war zwar echt ein Schnittchen, aber der hatte in jeder gottverdammten Messestadt zwischen Lissabon und Helsinki was am Laufen.«

✖ Prinzrenovierung

Entschließen sich zwei Menschen, ihr Leben zusammen zu verbringen, beginnt an diesem Tag die Prinzrenovierung. Dabei beginnt die Frau sukzessiv Veränderungen an ihrem Freund durchzuführen. Erste Symptome einer beginnenden Prinzrenovierung sind die Entfernung präferierter Kleidungsstücke des Mannes aus dessen aktivem Fundus. Die Entsorgung oder Sicherheitsverwahrung dieser Utensilien erfolgt selten ersatzlos, vielmehr werden diese ausgetauscht durch Sakkos, T-Shirts mit V-Ausschnitt, taillierten Pullovern und Stoffhosen mit gutem Sitz.

In einem fortgeschrittenen Stadium erhält der Mann eine ordentliche Frisur und muss sich von seinem Drei-Tage-Bart verabschieden. Körperhaare und, soweit vorhanden, Ohren- und Nasenhaare werden regelmäßig kontrolliert und zur Abnahme ausgeschrieben.

In einem fortgeschrittenen Stadium, wird dem Mann nahegelegt, einige Wesensmerkmale abzulegen oder zu verändern. Dies erfolgt in direktem Zusammenhang mit Tätigkeiten des gemeinsamen Alltags. Hier einige wenige Beispiele:

– Ablegen der Kleidung am Ort des Entkleidungsvorganges.

– Nahrungsaufnahme unter audiovisueller Lautgabe des Wohlgenusses »Hups, hihi, Prösterchen!« / »Jedes Böhnchen ein Tönchen.« / »Raus, was keinen Zins zahlt!«

– Offen ausgelebte Begeisterung für Flatulenzen.

– Schier endlose Toleranz gegenüber Staubmäusen.

– Mit Tempo 160 auf der Autobahn fahren.

Zeigt sich der Prinz über einen längeren Zeitraum renovierungsresistent, erwägt die Erkrankte, sich einen Neuen zu suchen. Erschöpft von den Fehlschlägen bei der Renovierung sucht sie daraufhin einen Prinzen, dessen Mängel augenscheinlich bereits behoben wurden – und entdeckt dabei im Laufe der Zeit völlig neue Mängel, deren Existenz ihr bei den bisherigen Prinzen verborgen blieb.

✖ Pseudo-Fellationismus

Vom Pseudo-Fellationismus befallene Frauen benutzen verschiedene Lebensmittel wie Bananen, Calippo-Eis oder Erdbeeren, um den Verstand eines für sie interessanten Mannes auszuschalten. Greift der Mann während der nun laufenden Beziehung auf eine Banane oder ein Calippo-Eis zurück, beißen sie herzhaft davon ab, was zu sexuellen Störungen, Impotenz und Angstattacken seitens des Mannes führen kann.

✖ Pupsverleugnungszwang

Der Pupsverleugnungszwang steht eng in Verbindung mit der → Flatulenzhemmung, der Unfähigkeit, Winde ungehemmt und mit Genuss aus dem Rektum zu pressen. Schon in der frühesten Entwicklungsphase der Menschheit leugneten Frauen entgleiste Winde und beschuldigten ihren Partner oder zufällig anwesende Dritte. Männer akzeptieren diese »Kuckuckspupse« bis heute. Für den Partner gilt dies als ein Liebesbeweis und er übergeht die Situation oder entschuldigt sich. Als sehr umstritten gilt selbst unter Feministinnen das Pupsbekenntnis: »Wenn wir als Feministinnen auch noch eine weite, vielleicht holprige Strecke bis zur endgültigen Gleichstellung der Frau vor uns haben, so ist der feminine Pups der letzte Stein auf diesem Weg«, konstatierte Theresa Sickelmann-Schneller, die Frauenbeauftragte der IG-Druck und Papier.

Trotzdem eilt die Realität in vielen Fällen der Theorie bereits voraus. Frauen in typischen Männerberufen zeigen sich auch hier als Pioniere. Die Berufsjägerin Frauke Minz, 36 Jahre aus Heilbronn, berichtete im Fachmagazin *Lauern und Jagen*: »Mein Arbeitsplatz ist die freie Natur. Ich bin es gewohnt, den Dingen ihren freien Lauf zu lassen. Klar müssen sich meine männlichen Kollegen daran erst gewöhnen. Aber die meisten gehen sehr locker mit diesem Thema um. Allerdings rechnen auch die wenigsten Kollegen mit meiner ungezwungenen Art. Als ich zum Beispiel eine Treibjagd anführte, löste sich bei mir plötzlich ein sehr lauter Pups – woraufhin eine wilde Schießerei entstand. Das hätte natürlich auch in die Hose gehen können. Die Frage ist doch: Soll ich dieses Risiko weiterhin eingehen und meine Kollegen damit gefährden oder wieder leise weidflauten (*weidflauten* heißt in der Jägersprache furzen, Anm. der Redaktion) und weiterhin so tun als hätte ich nichts damit zu tun?«

Pusteldruck

Erblickt eine Frau nackte Körperstellen des Partners und nähert sich diesen, um sie auf Hautverunreinigungen zu untersuchen, und beginnt sie – fündig geworden – diese Hautverunreinigungen anschließend sofort mit den Fingernägeln von der Haut zu kratzen, ohne sich die Erlaubnis des Partners einzuholen, liegt höchstwahrscheinlich Pusteldruck vor.

Ist Pusteldruck ausgebrochen, kann die Krankheit die Partnerschaft belasten. Die Betroffenen sind selten einsichtig und leugnen den Behandlungsbedarf:

»Jetzt stell dich mal nicht so an. Das tut doch überhaupt nicht so weh!«[32]

Besonders starker Pusteldruck geht von Pickeln auf dem männlichen Rücken aus, während Pickel im Gesicht auf die Kranken weit weniger Anziehungskraft besitzen und meist ignoriert werden.

Prävention / Therapie

Hohe Dosen von Clearasil und intensive Hygienemaßnahmen wie tägliches Duschen helfen, dem Pusteldruck vorzubeugen. Besonders häufig bricht Pusteldruck im Bett und oder auf dem Sofa aus. Diese Orte sollten von Männern nur ausreichend bekleidet aufgesucht werden.

Putzmanie

Auslöser für die Putzmanie sind Staub und Schmutz. Befinden sich diese innerhalb der Wohnung und/oder auf der Kleidung der Frau, wird bei der Betroffenen ein Putzreflex ausgelöst. Dabei können bereits kleinste Staub- und Schmutzdosen zum Ausbruch der Krankheit führen.

Diagnose

Fällt der Satz »Hier sieht es aber wieder aus wie im Saustall!«, liegt zweifelsfrei ein Ausbruch von Putzmanie vor.

---

32 Männer können durch Pusteldruck Schmerzen der Intensität 6 auf der Schmerzskala erreichen.

Gefahr

Putzmanie ist für Männer bedingt gefährlich, da während der Putzmanie die Anwesenheit des Partners von den Betroffenen grundsätzlich als unangenehm empfunden wird. Das Unbehagen wird meist mit dem Satz »Wieso musst du mir immer im Weg herumstehen?« zum Ausdruck gebracht.

Komplikationen

Ihr Endstudium hat die Krankheit erreicht, wenn die Frau zwei Stunden, bevor ihre Putzfrau kommt, damit beginnt, die Wohnung zu reinigen, damit die Putzfrau nicht schlecht von ihr denkt.

Rechthabsucht

In Extremfällen geht übertriebenes Rechthaben oft einher mit großen, scheinbaren Triumphen, glamourösen Momenten, aber auch herben Niederlagen. Vor allem mit den herben Niederlagen hatten zu kämpfen:

– »Zu viel Flusswasser ist nicht gut für die Frisur.« – Herodias zu Johannes dem Täufer

– »Hier links abbiegen, li-hinks!« – Felipa zu Christoph Kolumbus

– »Doch, glaub mir, du bist ein ausgezeichneter Redner.« – Karin Stoiber

– »Peppi! Zieh meine roten Lackschuhe und mein Kleid aus, du kriegst so nie eine Frau!« – Maria Ratzinger

✖ Rededurchfall (Logorrhoe)

Rededurchfall bezeichnet eine monologe, oft planlose und schnelle Aneinanderreihung von Wörtern. Auslöser des Rededurchfalls bei Frauen ist meist ein starker emotionaler Reiz.

Bekannte, eine Logorrhoe auslösende Reize sind:

– Klingeln des Telefons

– Heiratsantrag

– Diäterfolge ab 500 Gramm

– Feierabend

– Änderungen des Beziehungsstatus

– Friseurbesuche

– Herumliegende Männersocken

– Die beste Freundin

Ist Logorrhoe ausgebrochen, nimmt die Betroffene ihre Umwelt nur noch sehr eingeschränkt wahr.

Gefährlichkeit
Logorrhoe ist für Frauen nur bedingt gefährlich. Mitunter löst der Rededurchfall allerdings Ohnmachtsanfälle aus, weil die Betroffene beim Sprechen das Atmen vergisst. Für Männer ist Logorrhoe dagegen sehr gefährlich. Sind Männer dem Rededurchfall länger als zehn Minuten ausgesetzt, kommt es zu:

– Schläfrigkeit

– Schwindelanfällen

- Blättern im Telefonbuch nach einem Scheidungsanwalt

- Suizidfantasien, die aber oft in der Zerstörung des eigenen Trommelfells enden.

Prävention / Therapie
Da Logorrhoe meist sehr überraschend auftritt, ist eine Prävention nur schwer möglich. Beim Bekämpfen der Krankheit hat sich vor allem die Anwendung eines mechanischen Reizes bewährt. Dazu nimmt der zugehörige Partner die Betroffene fest in den Arm, zieht sie an sich heran und presst seine Lippen fest auf den Mund der Frau.

Reizgeiz

Reizgeiz ist ein Phänomen, bei dem Frauen zwar beteuern, auch für ihren Partner sexy aussehen zu wollen, sobald sie aber die Haustüre von innen zugemacht haben, sofort in ihre Lieblingsjogginghose mit den Hängeknien wechseln.

Prävention / Therapie
Ein konkretes Ansprechen der Frauen auf diese Reizgeizentwicklung ist meist fruchtlos: »Aber vor 15 Jahren fandest du mich auch in dieser Hose sexy, hast du selbst gesagt!!!«
Studien belegen, dass Reizgeiz durch öffentliches Fremdflirten zumindest temporär eingedämmt werden kann. Allerdings gilt die Dosierung der Medikation als extrem schwierig. So führt eine Überdosis an Fremdflirten zu besonders heftigem → Schreihals.

✖ Repetierende Ausbruchsversuche

Frauen, denen ihr Alltag langweilig und grau vorkommt, ergeben sich oft in Träumereien, wie sie diesen Umstand ändern
könnten. Diese Frauen sind kerngesund. Weniger gesund ist,
wenn die wiederkehrenden Träume folgenden Inhaltes sind:

– Ein tolles Café eröffnen.

– Was mit Secondhand-Klamotten machen.

– Ein tolles Café mit Secondhand-Klamotten eröffnen.

– Was mit Secondhand-Klamotten für Kinder machen.

– Ein tolles Müttercafé mit Secondhand-Klamotten auch für Kinder eröffnen.

– Ein Buch über Männerkrankheiten schreiben.

✖ Reziproke Wahrnehmung

Die reziproke Wahrnehmung – im Volksmund auch Schnee-
wittchen-Effekt genannt – ist die individuelle Scheinbarkeit, dem
Partner einen Gefallen zu tun, indem diese:

– Von seinem Tellerchen isst.

– Sein Gläschen Bier austrinkt.

– Ihm sein Bettdeckchen klaut.

– Sein Lieblings-T-Shirtchen als Nachthemd zweckentfremdet.

– In seine Gummistiefelchen Blumen einpflanzt.

– Ihm ihre eiskalten Hände unter die Ächselchen stopft.

– Sein Tellerchen als Tischabfalleimer benutzt.

– Ihn ob seiner Problemzönchen zwiebelt.

– Sein Exfreundinnchen Schlampe nennt.

– Die dekorativen Mitbringselchen seiner Mutter in sein Kellerchen stellt.

– Mit seinen Unterhöschen beim Hausputz hilft.

✖ Romantikwahn

Keine andere Frauenkrankheit belastet das Zusammenleben der Geschlechter mehr als der Romantikwahn. Die WHO (Wann Hast-du-mir-eigentlich-das-letzte-Mal-Rosen-geschenkt Organisation) geht sogar davon aus, dass es sich bei der Epidemie um das größte Missverständnis in der Geschichte der Menschheit handelt. Romantikwahn liegt immer dann vor, wenn romantische Handlungen die Grundvoraussetzungen für sexuelle Handlungen zwischen Mann und Frau sind. Da Männer in der Regel außerordentlich an diesen sexuellen Handlungen interessiert sind, versuchen sie, die romantischen Bedürfnisse von Frauen nach bestem Wissen und Gewissen zu erfüllen. Ebendies ist der Auslöser der Krankheit, denn Männer sind komplett immun gegen den Romantikwahn und daher nicht in der Lage, die Krankheit erfolgreich zu behandeln.

Hier einige Beispiele aus einer weltweiten Fallstudie, die zeigen, wie Männer am Romantikwahn ihrer Partnerinnen scheitern:

Er: »Ich habe dir ein Gedicht geschrieben.«

Sie: »Oh, wie romantisch!«

Er: »Es heißt: Abenteuer eines Blashäschens.«

Kai Pflaume: »Hallo Sabrina, ich habe hier ein Video für dich.«

Sabrina: »Hä?«

Kai Pflaume: »Es ist von Oliver, der dir etwas Wichtiges zu sagen hat.«

Sabrina: »Wat? Der Penner? Der soll sich sein Video sonst wohin schieben … Ach, und ich hab auch noch 'n Paar Joggingbuchsen vom dem hier rumliegen. Die kannste gleich mitnehmen, du Pflaume!«

Sie: »Mir ist kalt, Schatz, müssen wir noch lange hier im Schnee herumstehen?«

Er: »Warte, nur noch das R und dann hab ich auch deinen Namen neben das Herz gepinkelt.«

Er: »Aber du hast mir doch erklärt, dass Licht romantisch sei?«

Sie: »Ja, Kerzenlicht, Sonnenuntergang, Kaminfeuer … Aber doch nicht das Flutlicht in einem Fußballstadion.«

Er: »Ich habe dir ein Geschenk mitgebracht.«

Sie: »Oh, wie romantisch! Was ist es denn?«

Er: »Eine Blume!«

Sie: »Das ist ein Kaktus.«

Er: »Sag ich doch!«

Prävention / Therapie

Wenn Männer versuchen, romantisch zu sein, scheitern sie. Dennoch besteht eine Möglichkeit, wie Männer an der Seite einer von Romantikwahn befallenen Frau überleben können. Untersuchungen der WHO (Wann-heiratest-du-mich-endlich Organisation) haben ergeben, dass Frauen einige für Männer vollkommen selbstverständliche rationale Handlungen als superromantisch empfinden. Dazu gehören:

- Heizen

- Sich die Zigaretten zu zweit an einem Feuerzeug anzünden.

- Bei Hunger in ein Restaurant gehen, in dem man mit Messer und Gabel isst.

- Den kleinen an der Autobahn ausgesetzten Hundewelpen mit nach Hause nehmen.

✖ Salbensucht

Ursache für die Salbensucht ist der genetisch bedingte Tuben- und-Dosentrieb, der es Frauen unmöglich macht, an einer Tube oder Dose vorüberzugehen, ohne diese zu öffnen und den Inhalt zu begutachten, zu beriechen sowie eine kleine Menge davon auf dem Handrücken zu verreiben.
Salbensucht gilt auch als eine der Ursachen für → Eincremeritis.

Hintergrund
Mittlerweile hat die weltweit operierende Kosmetik-Mafia das Geschäft mit der Salbensucht fest im Griff. Mit leeren Versprechungen wie:

- Straffe Haut

- Strahlende Haut

- Frische Haut

- Zehn Jahre jünger aussehende Haut

- Glättung von Falten

- Erhöhung der hauteigenen Widerstandskraft

- Feuchtigkeit für die Haut

werden die Frauen gnadenlos in die Abhängigkeit getrieben. Unter klingenden Namen wie Q10, Repair Lotion oder SOS Pflege werden in Drogerien wirkungslose weiße Schmierstoffe zu vollkommen überhöhten Preisen an die willenlosen Frauen gebracht. Hinzu kommen ansprechende Drogen-Umschlagplätze wie Day-Spas oder sogenannte Beauty-Farmen, in denen Frauen bis auf das letzte Hemd ausgezogen werden.

Auslöser
Als Auslöser der Salbensucht gelten vor allem Spiegel. Es sind aber auch Fälle bekannt, in denen heranwachsende männliche Jugendliche (»Ey guck mal, die alte Schachtel da vorne!«) die Krankheit verursacht haben.

Prävention / Therapie
In Würde altern.

 # Salvia-Attacken

Bei einer akuten Salvia-Attacke spuckt die Erkrankte auf ein Tuch und wischt damit ihren Speichel in das Gesicht eines Kindes. In der Regel besteht zwischen der Erkrankten und dem Kind ein Verwandtschaftsverhältnis. Nicht näher verwandte sowie völlig fremde Kinder bleiben zumeist von den Attacken verschont. Als Vorwand dient den Frauen das vermeintlich dringliche Entfernen von Essensresten aus dem Bereich der Kindergesichtszone. Großer Widerwillen, Protest und Ekelgefühle des Kindes werden dabei billigend in Kauf genommen, hintangestellt oder schlicht übergangen. Bei schweren Fällen kann beobachtet werden, wie die Frau den Speichel per Finger direkt auf das Kindergesicht aufträgt. Hier räumt der Gesetzgeber sogar den Bestand der Notwehr ein, falls das Kind zurückspuckt, tritt oder mit Fischstäbchen wirft. Unterstützung finden Kinder bei »Lama«, dem Opferverband der Salvia-Attacken-Geschädigten, dessen oberster Schirmherr Rudi Völler ist.

Schissma

Schissma beschreibt die bei Frauen oft ausbleibende Freude über einen gut oder sogar sehr gut gelungenen Stuhl. Selbst ein Mitteilungsbedürfnis im Freundeskreis über hervorragende Stuhlungen (Stühle) bleibt aus. Schissmatikerinnen unterlassen es außerdem, einen bevorstehenden Stuhlgang laut und deutlich anzukündigen. Andere Anwesende bleiben über ihr Vorhaben somit völlig im Dunklen. Auch gegenseitige, ehrliche und von Herzen kommende Gratulationen oder Glückwünsche bleiben konsequent aus. Im Gegenteil: Schissma-Frauen reagieren oft mit großem Unverständnis darüber und versuchen, das Thema zu tabuisieren. Negative Reaktionen auf Männer ohne Schissma sind die Regel.

Historie eines Schissmas

Ein Protokoll des Hofschreibers der Königin Luise von Preußen um 1780 legt offen, dass es sich um eine Krankheit mit einer tradierten Historie handelt. Der Großherzog, ein Freund ihres Gemahles König Friedrich Wilhelms III., soll demzufolge nachfolgende Worte gesprochen haben:

»Durchlauchter König, durchlauchte Königin, es freuet mich, dass Eure Majestäten mich in Ihrem vorzüglichem Hause empfangen. Allein es fehlen mir die passenden Worte, das mir gebotene allerköstlichste Mahl gebührend zu loben. Erlauben Sie mir, Ihnen mitzuteilen, dass es mir eine große Freude sein wird, mich einen Augenblick zurückzuziehen – mit Eurer königlichen Erlaubnis – meine Wenigkeit wird nun scheißen gehen.«

Königin Luise von Mecklenburg-Strelitz forderte darauf von ihrem Mann, den Großherzog auf der Stelle köpfen zu lassen. Wilhelm III. kam ihrem Wunsch nach. Nicht, ohne an den Großherzog noch schnell die Worte zu richten: »Und? Sprecht schnell: Guten Schiss gehabt?«

✖ Schlauchboot-Paradoxon

Umfragen des Institutes Opinion today & tomorrow haben ergeben, dass 100 Prozent aller Frauen und Mädchen Schlauchbootlippen unattraktiv finden. Befragt wurden alle Frauen und Mädchen zwischen 14 und 70 Jahren, die normal sprechen konnten.

✖ Schmollmund

Der sogenannte Schmollmund ist die bekannteste Nebenwirkung der → Kritikresistenz. Er kann aber auch bei falscher Therapie von → Frageritis, → Wurfbehinderung oder Mode-Degeneration auftreten. Er ist nicht zu verwechseln mit der deutlich aggressiveren → Schmollwut.

Man erkennt Schmollmund an den deutlich nach vorne gewölbten Lippen, den vor der Brust verschränkten Armen und einem starr nach vorn gerichteten Blick. Zudem verweigert sich die an Schmollmund leidende Frau jeder Form der Kommunikation.

Prävention / Therapie
Gegen Schmollmund helfen:

– Blumengeschenke

– Massagen (Rücken/Fuß)

– Schokolade

– Und unbedingt auch die Frage »Was ist denn los?«

✖ Schmollwut

Erleidet eine Frau eine Schmollwut-Attacke hat sie sich mit dem Schmollwut-Virus infiziert. Schmollwut ist eine infektiöse Wut, die sich nicht sofort nach außen richtet, sondern sich in einem Zustand des wachsenden Schwelens befindet. Die Ursache einer solchen Infektion bleibt meist unbekannt. Die Dauer der Schmollwut kann je nach Grad der Ansteckung stark variieren. Meist erfolgt eine spontane Heilung nach wenigen Stunden.

Gefahr
Eine Übertragung auf andere Personen ist ausgeschlossen. Die Betroffene hingegen hofft auf Linderung durch die Beschleunigung eines willkürlichen Gegenstands durch Wurfkraft. In den meisten Fällen ist dies den Frauen jedoch physisch schlichtweg unmöglich (siehe auch → Wurfbehinderung), was die Schmollwut zusätzlich verstärkt.

Prävention / Therapie

Schmollwut ist nicht heilbar, kann aber relativ gut gelindert werden. Bei kurzem, leichterem Schmollwutbefall haben sich Tiramisu und geschmackvolle Blumengeschenke bewährt. Sehr früh erkannte Schmollwutinfektionen können sogar mit einer sehr guten Tafel Schokolade abgewendet werden. Schmollwut mit Humor zu begegnen kann in die Hosen gehen und sollte, wenn überhaupt, Spezialisten überlassen werden. Auch ein aktives Herunterspielen der Symptome führt stets zu einer exponentiellen Verschlechterung. Allgemein gilt es zunächst, Ruhe zu bewahren und sicherzustellen, dass keine andere Ursache für die Wut vorliegt. Dabei können einige leicht durchzuführende Anamnese-Maßnahmen helfen:

— Liegen Socken, Unterwäsche oder Kleidung auf dem Boden?

— In welchem Zustand ist das Waschbecken — ist es von Bartstoppeln behaftet?

— Wurden in der Wohnung dekorative Veränderungen durchgeführt, die vom Mann unbemerkt blieben?

— Wurden an der Frisur der Betroffenen dekorative Veränderungen durchgeführt, die vom Mann unbemerkt blieben?

— Wurden Jahres-, Geburts- oder andere Tage von gemeinsamer Bedeutung übersehen?

— Wann und in welchem Zustand ist der Partner am Vorabend nach Hause gekommen?

— In welcher Phase des Monatszyklus befindet sich die Frau?

— Wurde ein von ihr zubereitetes Mahl nicht oder nicht ausreichend wertgeschätzt?

— Sind eventuell vorhandene Kinder an ihrem vorgesehenen Platz?

Können diese Zweifel in einem positiven Sinne ausgeräumt werden, sollte die Schmollwütige vorsichtig befragt werden, ob »irgendetwas nicht stimmt«. Bleibt ein konkreter Vorwurf aus und erfolgt leichtes oder mittelschweres Mammeln, kann mit hundertprozentiger Sicherheit von einer Schmollwutinfektion ausgegangen und vorbeugend Nougat-Schokolade besorgt werden.

✖ Schnippismus

Schnippismus ist eine elaborierte weibliche Kunstform der unverblümten Dreistigkeit. Oder, wie der griechische Philosoph Homeless seine Exfreundin beschrieb »... ihre charmante Kritik, ihre Abneigung oder ihr blankes Desinteresse vermischte sie mit der Beißkraft eines waidwund geschossenen Tyrannosaurus Rex – nur freilich viel, viel hübscher.«

Den meisten Männern sind die Mechaniken und Regeln des Schnippismus schwer bis überhaupt nicht begreifbar: Der Schnippismus ist die Abseitsfalle der weiblichen Kommunikation. Während führende Kommunikationswissenschaftler der Universität Erfurt mit Hochdruck an den Mechanismen, der Entstehung und Wirkung des Schnippismus forschen, machen sich deren Kolleginnen unverhohlen über sie lustig.

✖ Schreihals

Schreit eine Frau länger als zehn Minuten, ohne sich zu beruhigen, ohne in der Lautstärke nachzulassen und ohne dass eine körperliche Schmerzeinwirkung vorliegt, handelt es sich um einen akuten Ausbruch von Schreihals.
Der Schreihals kann zum Beispiel ausbrechen wenn:

– Die Frau den Partner mit einer anderen im Bett erwischt.

– Die Frau den Partner mit zwei anderen im Bett erwischt.

– Der Partner vergessen hat, die Kinder aus dem Kindergarten abzuholen.

Schreihals ist eine Abwehrreaktion des weiblichen Körpers, ähnlich der → Heuleritis, und kann aus einer unbehandelten Nöhleritis entstehen.

Prävention / Therapie
Dem Schreihals kann mit Höflichkeit, guten Manieren und moralisch einwandfreiem Verhalten gut vorgebeugt werden. Ein akuter Schreihals klingt von alleine ab – je nach Lungenvolumen der Betroffenen.

✖ Schuhtick

Um dem Mythos Schuhtick der Frauen auf den Grund zu gehen, haben Forscher der Universität Sohlingen über viele Jahre Gehirne von Frauen untersucht, die unter einem besonders ausgeprägtem Schuhtick litten.

Sie machten erstaunliche Entdeckungen und revolutionierten damit die allgemein bekannten Hirnareale der Frau:[33]

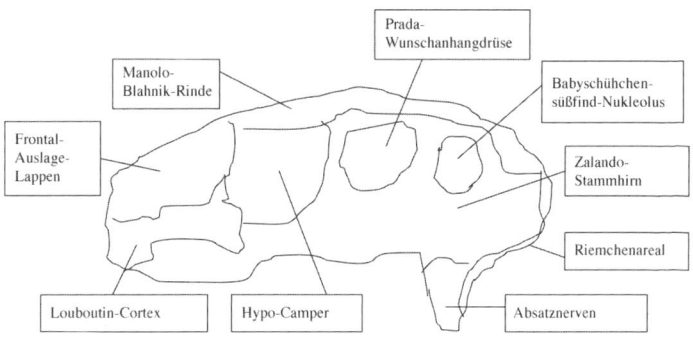

Der Schuhtick kann so weit gehen, dass Frauen ihre Schuhgröße um zwei bis drei Nummern variieren können – je nachdem in welchen Größen der Schuh aus dem Schaufenster verfügbar ist. Auch räumliches Sehen und ein Gefühl für geometrische Größenverhältnisse kann vollkommen abhandenkommen: Schränke werden in den Augen der Betroffenen immer kleiner, obwohl sie längst die Hälfte der Wohnung beanspruchen.

✖ Schulddrüsenüberfunktion

Die Schulddrüsenüberfunktion ist eine abnorme Zuweisung fast jedweder Schuld an die eigene Person. Frauen, die daran leiden, geben sich an allem und jedem Ereignis oder Umstand die Schuld. Zum Beispiel auch daran, dass ihr Mann beruflich, im Bett und als Vater ein Versager ist, ihre Kinder hyperaktiv und

---

33 Ich kann leider nur wie ein Zweijähriger zeichnen.

die eigenen Eltern zerstritten sind, das Auto verbeult ist, die Einkäufe zu teuer sind, die Mitarbeiter zu blöd sind, der Chef unfähig und der Nahost-Konflikt immer noch nicht gelöst ist.

Prävention / Therapie

Gegenmaßnahmen gegen die Schulddrüsenüberfunktion blieben bisher ohne weiterführende Ergebnisse. Schon einfach deswegen, weil die teilnehmenden Probandinnen die Studien sowieso immer versauen.

✖ Schwammtechnik

Frauen, die unter Schwammtechnik leiden, neigen dazu, jede zu streichende Wand mit einem Schwamm zu bearbeiten und zwar vorzugsweise in Ockertönen, Aubergine, Himbeerrot oder Orange. Die wenigsten betroffenen Männer haben den Mut, sich gegen die ausufernde Schwammtechnik zu wehren, weil

– Sie auch keine bessere Idee haben.

– Ihnen die Wandfarbe absolut Wurst ist.

– Sie sonst selber streichen müssen.

Männer, die selbst gut oder gerne streichen und eine eigene Vorstellung von Farbgebung haben, können sich an folgende Selbsthilfegruppe wenden: *www.freiheitfürspongebob.de*

✖ Schwindelanfälle

Hierbei handelt es sich um eine periodisch auftretende Kommunikationsstörung, bei der das Wahrheitszentrum im Gehirn nicht mehr angesteuert werden kann. Schwindelanfälle bei Frauen können vielfältige Ursachen und Auslöser haben. Die bekanntesten sind:

– »Nimmst du die Pille?«

– »Und du möchtest wirklich kein Dessert?«

– »Hast du dir neue Schuhe gekauft? Oder sind das alte aus der letzten Saison?«

– »Wie um alles in der Welt kann man eigentlich gleichzeitig Diät machen und dicker werden?«

– »Bist du sicher, dass du die Rechnung wirklich bezahlen möchtest?«

– »Wie viel haben deine neuen Schuhe eigentlich gekostet?«

– »Findest du ihn wirklich so groß?«

✖ Sehnerv-Irritation

Von einer Sehnerv-Irritation sprechen Mediziner, wenn eine Frau nach dem Blick in einen Spiegel behauptet, dicker zu sein als alle anderen Frauen auf der Welt, obwohl dies ganz offensichtlich nicht der Fall ist. In Folge einer Sehnerv-Irritation treten bei der Betroffenen unmittelbar auch → Actimelismus und → Heulschnupfen auf.

Hinweis

Eine Sehnerv-Irritation bezieht sich ausschließlich auf die Volumenwahrnehmung des weiblichen Körpers. So bleiben die betroffenen Frauen stets in der Lage, dünne von dicken Männern zu unterscheiden. Es ist daher für Männer nicht möglich, die Sehnerv-Irritation auszunutzen und sich unbemerkt einen Bierbauch zuzulegen.

Ursache

Lange Zeit gingen Wissenschaftler davon aus, dass fehlendes Selbstbewusstsein die Sehnerv-Irritation verursacht. Die Mediziner versuchten, die Krankheit mit Motivationsübungen, wie zum Beispiel sich selbst im Spiegel anschreien, zu heilen. Obwohl sich zunächst durchaus Therapie-Erfolge einstellten, zeigte die hohe Rückfallquote von 100 Prozent, dass die Mediziner mit ihrer Theorie fehlgeleitet waren.

Heute glaubt man endlich die Ursache für die Sehnerv-Irritation gefunden zu haben. Schuld ist das Phänomen des gefühlten Gewichts, welches analog zur gefühlten Temperatur funktioniert. Das Zusammenspiel von Lichteinfall, Sättigungsgefühlen und den Fotostrecken in Frauenmagazinen multipliziert das tatsächliche Gewicht in Härtefällen bis hin zum Faktor Zwei und ergibt so das gefühlte Gewicht.

Prävention / Therapie

Wird die Sehnerv-Irritation nicht rechtzeitig behandelt, führt sie im schlimmsten Fall zu → Gerippe. Es gilt daher, im Zuge der Sehnerv-Irritation begonnene Diäten durch eine Gegenmedikation und ohne wissentliche Einbeziehung der Patientin zu sabotieren. Dies gelingt zum Beispiel durch:

- Das Schmuggeln von Toffifee in den heimischen Kühlschrank.

- Das Ausführen der Betroffenen in Lokale, die keinen Salat auf der Karte haben (Starbucks/Eiscafés/Konditoreien).

- Das regelmäßige Verabreichen von Prosecco.

✖ Sexytanz-Diskrepanz

Frauen beherrschen die Kunst des verführerischen Tanzes, ohne jemals eine einzige Tanzstunde genommen zu haben. Es ist offensichtlich eine angeborene Fähigkeit, die auf genetischem Weg seit zigtausenden von Jahren von Generation zu Generation weitergegeben wird. Der Tanz einer Frau stellt seit jeher eines ihrer mächtigsten Werkzeuge in der Kunst der Verführung dar. Außer in Deutschland.

In Deutschland grassiert die bösartige Sexytanz-Diskrepanz.

Von der Sexytanz-Diskrepanz betroffene Frauen gehen davon aus, dass sie Tanzbewegungen ebenso rhythmisch korrekt wie aufreizend ausführen. Umstehende Beobachter haben jedoch den Eindruck, die Betroffene müsste dringend ein Insekt im Schritt abschütteln.

Besonders grausam an der Sexytanz-Diskrepanz sind nicht etwa die verschwindend geringen Heilungschancen – Tanzschulen könnten tatsächlich ein Minimum an Linderung bewirken. Das Bösartige an der Sexytanz-Diskrepanz ist die Diagnose, die der Betroffenen unter humanistischen Gesichtspunkten nicht zu vermitteln ist.[34]

---

34 Sehr wenige deutsche Männer leiden ebenfalls unter einer Sexytanz-Diskrepanz. Der Rest kann einfach nicht tanzen.

✖ Shopping-Amnesie

Shopping-Amnesie kann direkt während, aber auch vor oder nach dem Einkaufen auftreten. Es handelt sich dabei um eine Form von Gedächtnisstörung, der verschiedene Auslöser vorausgehen können, wie beispielsweise bei einem schweren Handtaschen-Trauma, einer Zwirnerschütterung oder einem schizophrenen Schuh. Mögliche Ursachen für eine Shopping-Amnesie sind außerdem eine komische Versage, ein Lagerfeldkoller, Vansinn, fehlender Esprit, chronische Blahnikentzückung, Herbst- und Sommerkurzschlussreaktionen oder eine missglückte *Brigitte*-Therapie[35].

Die Shopping-Amnesie kann auch phasenweise verlaufen (Jo-Joop-Effekt).

✖ Silikon-Busen

Als Silikon-Busen sind unansehnliche Vergrößerungen und Verhärtungen der weiblichen Brust definiert. Fälle von Silikon-Busen haben in den letzten Jahren massiv zugenommen und es ist zu befürchten, dass die Seuche weiter um sich greift.

Gerade bei Reisen nach Polen und in die Tschechei ist erhöhte Vorsicht geboten: Hier ist die Infektionsgefahr besonders hoch. Anfänglich führt die Erkrankung an Silikon-Busen bei den Patientinnen zu einer euphorischen Grundstimmung und einer Steigerung des Selbstbewusstseins. Ist die euphorische Stimmung abgeebbt, folgt eine Trotzphase, in der die Betroffenen sehr offensiv mit ihrer Krankheit umgehen und ihre Umwelt

---

35 (Jacke gesehen bei Freud & Jung)

massiv damit konfrontieren. Erst wenn diese Trotzphase ausgestanden ist, macht eine Therapie von Silikon-Busen Sinn.

Hinweis

Silikon-Busen führt bei den Betroffenen oft zu der irrigen Annahme, attraktiver auf das männliche Geschlecht zu wirken. Dem ist in den meisten Fällen nicht so.

Prävention / Therapie

Zur Heilung von Silikon-Busen ist ein operativer Eingriff unumgänglich.

SMS-Daumen

Durch das Zusammenspiel von SMS-Daumen und der Autokorrektur des Mobiltelefons kommt es zum zwanghaften Verschicken von fehlerhaften Kurznachrichten, die zu extremer Verwirrung und schlimmerem Unheil führen können. Die Häufigkeit der Krankheitsfälle nimmt rapide zu und wird ausgelöst durch besonders preisgünstige SMS-Flatrates verschiedener Mobilfunkanbieter.

Ursprüngliche Nachricht	Mit SMS-Daumen formulierte Nachricht	Nebenwirkung
»Ich liebe dich!«	»Wisch mich richtig!«	Sexuelle Erregung beim Partner, die nicht erfüllt wird.

Ursprüngliche Nachricht	Mit SMS-Daumen formulierte Nachricht	Nebenwirkung
»Wollen wir heute Abend ins Kino gehen?«	»Wir machen's im Kimono im Stehen.«	Extrem starke sexuelle Erregung beim Partner, die nicht erfüllt wird.
»Du fehlst mir so!«	»Ich bin noch im Büro.«	Missstimmung aufgrund unerwiderter Romantik
»Ich bin Schuhe kaufen.«	»Ich treffe mich mit einer Freundin.«	Keine
»Wann kommst du endlich nach Hause?«	»Ich brauche von dir eine Pause!«	Unnötige Trennung
»Ich liege nackt auf dem Bett und warte auf dich!«	»Ich fühle mich fett und hasse dich!«	Unnötige Beziehungskrise
»Kauf bitte ein Brot ein!«	»Du bist ein krankes Schwein!«	Absolut unnötige Beziehungskrise

✖ Sofalähmung

Sie tritt in der Regel abends ab 20 Uhr oder an verregneten Wochenenden auf. Mit der Sofalähmung einher gehen:

– Hungergefühl

– Zapping

– Modische Persönlichkeitsspaltung

– Erhöhter Kuscheldeckenbedarf

– Kalte Füße

Die Sofalähmung kann bis zu einem Tag anhalten, verschwindet jedoch meist innerhalb weniger Stunden.

Ansteckung
Sofalähmung ist ansteckend. Macht aber gemeinsam mehr Spaß als allein.

Prävention / Therapie
Da Sofalähmung nicht weiter gefährlich ist, muss die Krankheit nicht speziell therapiert werden. Um das Leiden jedoch zu lindern, empfiehlt es sich, die Betroffene mit Schokolade, Knabberzeug, einer Programm-Zeitschrift, Taschentüchern (je nach TV-Programm), Tagesdecken und dicken Wollstrümpfen zu versorgen.

✖ Spackensyndrom

Wendet sich eine begabte, intelligente und sozial kompetente Frau plötzlich von ihrem gewohnten Musikgeschmack ab, um sich via Radio an bodenlosem Kitsch zu erfreuen, leidet sie vermutlich am Spackensyndrom. Diesem liegen meist einer oder mehrere der nachfolgenden Auslöser zugrunde:

– Everlasting love

– Angels

– Step by Step

– Stop playing games with my heart

– Back for good

– Get down

✖ Speisekarten-Negierung

Statistisch gesehen ist es jeder vierten Frau in Deutschland, Österreich und der Schweiz unmöglich aus einer Speisekarte eine für sie passende Mahlzeit auszusuchen. Diese Frauen bräuchten statt einer Karte einen Menü-Configurator, durch den sämtliche zur Verfügung stehenden Zutaten frei kombinierbar sind.

Gastronomische Versuche in dieser Richtung scheiterten, da die Vielfältigkeit die Frauen zunächst überforderte und sie daraufhin die Bestellung ihrem Partner überließen, die sie dann komplett ablehnten oder vielfach umbestellten. 2011 wurde von einem Fall in den *Fürther Nachrichten* berichtet, bei dem ein junges Ehepaar nach einer Woche völlig dehydriert und unterernährt von einem Ärzteteam in einem Restaurantgarten in der Fürther Altstadt zwangsernährt werden musste. Angeblich wehrte sich die Frau gegen die Infusionen des Arztes mit den Worten »Aber nur wenn die hausgemacht ist. Haben Sie auch Kroketten? Teilen wir uns vielleicht einen Tropf?«

Prävention / Therapie
All You Can Eat-Büfetts – vor allem beim Sonntagsbrunch – haben sich in Ansätzen bewährt, um die Betroffenen wieder erfolgreich in das öffentliche gastronomische Leben zu integrieren.

✖ Spiegelzwang

Der Spiegelzwang beschreibt die Unfähigkeit, an einem Spiegel oder einer spiegelnden Oberfläche (Autoscheibe, iPhone-Display,

Schaufenster) vorbeizugehen, ohne kurz im Vorbeigehen die ästhetische Ordnungsmäßigkeit zu überprüfen und gegebenenfalls geringfügige ambulante Eingriffe an den Haaren vorzunehmen.

In der eigenen Wohnung verharren betroffene Frauen oft stundenlang vor dem Spiegel im Badezimmer. Liegt ein chronischer Spiegelzwang vor, führen die betroffenen Frauen in ihren Handtaschen kleine Spiegel mit sich, um zu jeder Zeit und an jedem Ort ihr Make-up und den Sitz der Frisur überprüfen zu können. Spiegelzwang kann nicht diagnostiziert werden, wenn nach den Mahlzeiten die Zähne auf Speisereste hin untersucht werden. Der Verzehr von Kaugummi zählt hingegen nicht als Mahlzeit.

Exkurs

Der Spiegelzwang ist eine sehr alte und bereits seit Jahrhunderten überlieferte Krankheit. Erstmals aktenkundig erwähnt wurde der Spiegelzwang von den beiden Hausärzten Jacob und Wilhelm Grimm. Die in der Familienaufstellung »Schneewittchen und die sieben Zwerge« aufgeführten Nebenwirkungen (Eitelkeit, Eifersucht, Mordlust) zeigen, wie gefährlich sich der Spiegelzwang im schlimmsten Fall entwickeln kann.

Gefährlichkeit

Spiegelzwang ist auch für Männer nicht ungefährlich. Kommt es beispielsweise zum gemeinsamen Einkaufen mit einer an Spiegelzwang leidenden Frau, löst die Erkrankung bei Männern durch das unverhältnismäßige Stop-and-Go innerhalb weniger Stunden Kreislaufbeschwerden bis hin zum Kollaps aus. Grund sind die unzähligen Spiegel, die Kaufhausbetreiber mittlerweile nicht nur innerhalb der Umkleidekabinen, sondern auch innerhalb der normalen Verkaufsfläche installiert haben.

Prävention / Therapie

Spiegelzwang lässt sich sehr gut heilen. Dazu muss man, sobald von der betroffenen Frau vor einem Spiegel eine Zwangspause eingelegt wird, sich hinter diesen stellen und Grimassen schneiden. Am besten bewährt hat sich die Kombination aus Augen aufreißen, Zunge rausstrecken, mit den Händen Elefantenohren formen und kräftig wedeln. Urmenschliche Laute während des Grimassenschneidens beschleunigen die Heilung ungemein. Diese Therapieform kommt aus der Naturmedizin und wurde erstmalig von Maori-Männern angewandt.

✖ Sportwagen-Überempfindlichkeit

Sportwagen-Überempfindlichkeit gehört zu den Beziehungskrankheiten, da sie nur in der Partnerschaft auftritt. Single-Frauen reagieren auf Sportwagen oft positiv und fühlen sich darin ausgesprochen wohl.

Rümpft eine Frau jedoch beim Anblick eines Porsches die Nase, verzieht beim kehligen Röhren eines Lamborghinis den Mund oder ist ihr ein Ferrari grundsätzlich zu rot und/oder zu flach, so ist bei ihr von einer Sportwagen-Überempfindlichkeit auszugehen.

Symptome

Äußert ein Mann in einer Beziehung gegenüber seiner Frau den Wunsch, einen Sportwagen anzuschaffen, lässt sich die Sportwagen-Überempfindlichkeit durch folgende Aussagen zweifelsfrei diagnostizieren:

»Ich steige in kein Auto, das nur zwei Türen hat!«

»Und schon gar nicht, wenn die Türen nur nach oben aufgehen.«

»Wozu musst du in zweieinhalb Sekunden auf 100 km/h beschleunigen? Hier in der Stadt ist Tempo 50!«

»Wenn ich da drin sitze, bin ich auf Augenhöhe mit dem Nummernschild eines VW Polos. Da kann ich auf der Straße doch gar nichts sehen.«

»Der hat ja nicht mal einen Schminkspiegel auf der Beifahrerseite.«

»Und wie sollen wir denn da bitteschön den Kinderwagen in den Kofferraum kriegen?«

Hinweis

Studien haben ergeben, dass die Sportwagen-Überempfindlichkeit nicht von bestimmten Autoherstellern ausgelöst wird. Die Betroffenen definieren die Kategorie Sportwagen mehrheitlich als italienisches, lautes, unbequemes Auto mit zu wenig Türen und einem viel zu kleinen Kofferraum. Insofern könnte dies auch auf einen Fiat Panda zutreffen.

Prävention / Therapie

Alle Versuche, die Sportwagen-Überempfindlichkeit zu lindern oder zu heilen, endeten bisher mit dem Kauf eines SUV und dem fröhlichen Hinweis der Patientin:

»Wusstest du Liebling, dass SUV für Sport Utility Vehicle steht? Das ist praktisch auch ein Sportwagen!«

✖ Stilaugen

Als Stilaugen bezeichnet man die wechselseitige Musterung zweier Frauen. Wobei jede die Musterung der anderen mit einer Bewertung im Vergleich mit der eigenen Person abschließt. Die Bewertung ist an der Stilaugen-Skala zu messen:

– Hi, du siehst aus, als könnten wir beste Freundinnen werden.

– Du bist weder interessant als Freundin noch irgendwie für mich gefährlich.

– Armes. Mach mal was aus dir, du graues Mäuschen.

– Wo haben sie dich denn rausgelassen?

– Schlampe

– Blöde Schlampe

– ***ze[36]

✖ Strumpfose

Die Strumpfose (lat. Autofastididium Sockurenzum) ist die am zweithäufigsten verbreitete Volkskrankheit nach Karies. Jedoch kommt Strumpfose nur beim weiblichen Teil der Bevölkerung vor, wovon nahezu 90 Prozent aller Frauen und Mädchen betroffen sind. Aufgrund der Erkrankung sind sie nicht mehr in der Lage, Socken, die am Vorabend abgelegt wurden, durch einen morgendlichen kurzen Geruchstest auf eine weitere Tragbarkeit zu untersuchen.

Wichtige Informationen über den Zustand der Füße, Schuhe und Socken können so nicht wahrgenommen, analysiert und

---

36 Nicht »Katze«

ausgewertet werden. In der Folge müssen die Patientinnen täglich (!) auf ein frisches Paar Socken zurückgreifen. Bei einer ausgeprägten Strumpfose kann sogar die alleinige Beobachtung des Geruchstests Ekel und starke Protestreaktionen hervorrufen. An Vergleiche sowie Wissens- und Informationsaustausch über Sockenzustände ist nicht zu denken. In der Folge müssen auch noch relativ gute, frische Socken vorzeitig in die Wäsche und dürfen nicht einmal kurzfristig zum Joggen angezogen werden.

Telefonkrampf

Eine temporär auftretende Unfähigkeit, ein begonnenes Telefongespräch zu beenden. Von einem Telefonkrampf ist dann auszugehen, wenn die Telefonierende sich bereits fünfmal von ihrer Gesprächspartnerin verabschiedet hat, das Telefonat jedoch weiterhin andauert.

Während des Telefonkrampfes ist die Betroffene zudem nicht in der Lage, physische, visuelle und/oder akustische Signale ihrer unmittelbaren Außenwelt wahrzunehmen. Eine Kontaktaufnahme (z.B. durch Anschreien, Schütteln oder Kitzeln) ist daher zwecklos.

Prävention / Therapie

– Bier aus dem Kühlschrank holen.

– Den Freunden Bescheid sagen, dass man später oder gar nicht zur Party kommen wird.

– TV anschalten.

 # Tellulitis

Tellulitis (engl. to tell, erzählen) beschreibt den Zwang, Geheimnisse unverzüglich an Dritte weiterzugeben. Tellulitis betrifft meist die Frauen, die ohnehin ein telluloses Mundwerk haben. Dabei werden Tellulitiserkrankte besonders von Redewendungen stimuliert wie:

– »Darfst Du aber nicht weitererzählen.«

– »Das bleibt aber unter uns.«

– »... sag aber ja keinem was.«

Ebenjene Stimuli benutzen Tellulitiserkrankte, um die Geheimnisse ihrerseits weiterzuverbreiten. Dies geschieht zwanghaft und in Ausmaß und Geschwindigkeit vergleichbar mit der Versendung von Kettenbriefen. Erkenntnisse über Tellulitis bleiben bitte unter uns.

 # Tempo-130-Genose

Auch als Mitbremsen bekannt. Der klassische Krankheitsverlauf:

Geschwindigkeit des PKWs	Reaktion der an Tempo-130-Genose leidenden Frau als Beifahrer
Ausparken mit 2 km/h	»Wieso musst du gleich wieder wie ein Verrückter rasen?«
Mit Tempo 30 durch Wohngebiet Richtung Hauptstraße zuckeln	»Oh Gott, mein Herz!«

Geschwindigkeit des PKWs	Reaktion der an Tempo-130-Genose leidenden Frau als Beifahrer
Mit 50 km/h 500 Meter von der nächsten Ampel entfernt	»Da vorne ist Rot, du musst bremsen!!! Bremsen!!!!«
Mit 70 km/h auf einer Tempo-80-Strecke	»Wie konnte das Ordnungsamt jemanden wie dich nur hinters Steuer lassen!«
Ab 100 km/h	Aufstützen der Hände an der Armaturenverkleidung
Ab 110 km/h	Sprachunfähigkeit, katatonische Zustände, leichte Spasmen
Ab 120 km/h	Die Frau bricht wegen Mitbremsens mit ihrem rechten Fuß durch das Bodenblech.
Ab 130 km/h	Die Betroffene ritzt mit ihren Fingernägeln ihr Testament ins Armaturenbrett.

Prävention / Therapie

Als wirkungsvolle Maßnahmen beim Auftreten von Tempo-130-Genose haben sich bewährt:

– Verstärken des Unterbodens auf der Beifahrerseite.

– Fahren auf der Landstraße hinter einem Traktor.

– Schieben des Autos.

– Ein mit K.O.-Tropfen versetzter Latte Macchiato vor der Fahrt auf die Autobahn.

– Alleine in den Urlaub fahren.

– Manipulation des Tachometers.

Nebenwirkungen

Nimmt die an Tempo-130-Genose leidende Frau auf der Fahrerseite Platz, um das Auto selbst zu steuern, ist mit folgenden Verhaltensauffälligkeiten zu rechnen:

– Bei auf der Landstraße entgegenkommenden LKWs wird das Auto im Moment des Passierens scharf abgebremst oder sogar angehalten.

– Beim Anblick einer auf Gelb umspringenden Ampel werden Bremse und Gaspedal gleichzeitig durchgetreten.

– »Einparken« des Autos in zweiter Reihe. Über Nacht.

– Ein Sicherheitsabstand zum vorausfahrenden Fahrzeug von 500 Metern wird konsequent eingehalten. Auch an Ampeln.

– Die Teilnahme am Straßenverkehr findet bei eingeschaltetem Warnblinker statt.

– Die mittlere Fahrspur ist alternativlos.

– Ausschwenken vor Kurven wie bei einem Sattelschlepper

– Vor und bis zum Scheitelpunkt einer Kurve wird die Geschwindigkeit auf Rollatortempo vermindert.

– Elegante, aber auch rasante und riskante Fahrweise kurz vor den Ladenschlusszeiten

– Parkinsohn

✖ Temporales Duckface

Als temporales Duckface wird die zwanghafte Vorstellung beschrieben, im Moment einer Fotoaufnahme als Ente besser aus-
zusehen.

✖ Toiletten-Symbiose

Sind mindestens zwei Frauen einer geschlossenen Gruppe
nicht fähig, alleine eine Toilette aufzusuchen, spricht man von
Toiletten-Symbiose. Primär profitieren dabei die Frauen von
der Möglichkeit einer kurzen, gemeinsamen und ungestörten
Kommunikation. *Von dem Wunsch einer gemeinsamen Erledigung
der Notdurft kann unbedingt abgesehen werden.*
Als sekundäre Profiteure der Toiletten-Symbiose gelten Männer, die sich in dieser kurzen Zeit der gemeinsamen, ungestörten Kommunikation zügig einen Schnaps bestellen und sich darüber unterhalten, wie sehr sie den Wunsch einer gemeinsamen
Erledigung der Notdurft ablehnen: »Wieso gehen die immer zu
zweit aufs Klo?«

✖ Topzwang

Zwingt man einen Menschen zum Tragen von Kleidung, die ihm
zuwider ist, nicht gefällt oder nicht passt, würde man die Würde
dieses Menschen mit Füßen treten. Dennoch sind Fälle bekannt,
bei denen sich Menschen freiwillig mit Textilien bekleiden, die
ein offensichtliches Unwohlsein hervorrufen. Der Topzwang

stellt sehr exemplarisch eine solche konfektionale Selbstgeiße-
lung dar. So tragen beispielsweise viele Frauen Tops, die große
Teile des Abdomens unbedeckt lassen.

Dieser Umstand macht es ihnen unmöglich, eine entspannte
Körperhaltung einzunehmen. In einer aufrechten Position revi-
dieren sie unablässig den Sitz des Kleidungsstückes. Begeben sie
sich in eine sitzende Position, sehen sie sich gezwungen, ihren
Oberkörper so weit nach vorne zu beugen, dass wenigstens ein
Mindestmaß an Stoff ihren Bauch bedeckt.

Prävention / Therapie

Keine. Der Topzwang ist eine rein saisonale Krankheit, die spä-
testens mit Eintritt des ersten Frostes verschwindet. Ob im
Frühjahr neue Schübe ausgelöst werden, steht spätestens im
Herbst in der *Brigitte*.

✖ Trennungsfrisur

Beschließt eine Frau sich von ihrem Partner zu trennen, lässt
sie sich kurz vor, während oder im Anschluss an die Trennung
die Haare schneiden. Oft kündigen Frauen nach Beendigung
der Beziehung auch einen Urlaub an, der ihnen Zeit für sich
und Zeit zum Nachdenken gibt. Oder zumindest so viel Zeit,
dass die moderne, pfiffige Kurzhaarfrisur wieder einigermaßen
herausgewachsen ist.

✖ Überbewaffnung einer Frau

Die Beschreibung dieser Krankheit wurde von der Redaktion konfisziert, da sie in Verbindung mit einem ur-uralten Nudelholz stand. Die Autoren litten außerdem kurzfristig an Hämatomen an den Fingern.

✖ Überhören

Das Überhören ist eine mittelschwere Kommunikationsstörung. Leidet eine Frau an Überhören, erreichen sie bestimmte Botschaften eines Mannes nicht. Entsprechend erfolgt auf die betreffenden Botschaften auch keinerlei Reaktion, wodurch Männer nachhaltig verwirrt werden. Das Überhören tritt vor allem beim Flirten und innerhalb von Beziehungen auf.

Flirtbotschaften, die von Frauen besonders gern überhört werden:

»Na du Schnitte, bist du schon belegt? Oder darf man noch zubeißen?«

»Ich hab meine Telefonnummer verlegt. Borgst du mir deine?«

»Hey du, was willst du morgen zum Frühstück ans Bett?«

Beziehungsbotschaften, die von Frauen besonders gern überhört werden:

»Wenn du schon auf dem Weg in die Küche bist … könntest du mir bitte ein Bier mitbringen?«

»Wo sind denn schon wieder meine Sportsocken? Die lagen gestern doch noch genau hier auf dem Boden neben dem Bett.«

»Könnte ich bitte mal die Fernbedienung haben?«
»Quickie?«

Prävention / Therapie
Einfach mal die Klappe halten.

✖ Überraschungsei-Schwäche

Viele Frauen haben, unabhängig von ihrem Lebensalter, eine latente Schwäche für Überraschungseier. Die motorisch-emotional stimulierende Kombination aus Auspacken, Verzehr von Schokolade plus Überraschung löst eine nahezu unüberwindbare Anziehungskraft auf sie aus. Auf einen Lebensabschnittsbegleiter der Frau wirkt sich die Überraschungsei-Schwäche selten und in sehr geringem Umfang aus. Außer das Überraschungsei enthält ein »Gimmick«, dessen oft sehr komplizierter Zusammenbau an ihn delegiert wird, und er dazu nach mehrfachen Versuchen nicht in der Lage ist. Die korrekte Fachterminologie für diesen Effekt lautet »Enttäuschungsei«.

✖ Übersprungshandy

Sieht eine Frau nach einer für sie unbefriedigend ausgegangenen Diskussion (Streit) alle zwei Minuten gebannt auf ihr Handy und bedient beflissen dessen Menü, spricht man von Übersprungshandy. Das Handy kann ebenso gut durch eine Zeitschrift, einen MP3-Player oder durch ihre Fingernägel ersetzt werden.

✖ Umräumeritis

Die meisten Unfälle finden in privaten Haushalten statt. Davon betroffen sind meistens Männer. Ursache für die Verletzungen ist in 90 Prozent aller Fälle die Umräumeritis von Frauen. Denn die meisten Prellungen, Knochenbrüche, ausgekugelten Gelenke und Schnittverletzungen kommen durch den Zusammenprall mit umgestellten Wohnaccessoires wie Tischchen und Bodenvasen zustande, von deren Neupositionierung Männer häufig überrascht werden.

Verlauf

Bei der Umräumeristis erfolgt die Umstellung gerade bei größeren Möbeln rein willkürlich und ohne ersichtlichen Plan. Nicht selten müssen Männer Möbelstücke tragen, die ihr eigenes Körpergewicht leicht um ein Hundertfaches übersteigen können. Befallene Frauen lassen Möbel manchmal nur wenige Millimeter, in vielen Fällen aber auch mehrere hundert Kilometer durch die Wohnung tragen, um sie an der ursprünglichen Stelle wieder für gut zu befinden. Den erkrankten Frauen ist dabei sehr wichtig, dass ihre Männer Fragen zur Neuordnung auch dann noch beantworten, wenn deren Bewusstlosigkeit bereits eintritt oder kurz bevorsteht. Die inhaltliche Beantwortung ist unerheblich. Folgende Sätze gelten als hochriskant:

– Wie findest Du es denn hier?

– Ist so nicht viel mehr Platz im Wohnzimmer?

– Jetzt sag Du doch auch mal was!

– Dir ist das sowieso egal, oder?

– Ich wollte hier sowieso nie wohnen.

– Hab ich nach links gesagt? Ne, dann trag den Schrank auf die rechte Seite. Nicht dieee, die andere!

Umräumeritis tritt häufig als Nebenerkrankung einer unentdeckten → Dekoritis auf.

Prävention / Therapie
Ein Abklingen des Anfalls kann mit folgenden Sätzen erreicht werden:

– Soll ich helfen? Komm, du tust dir nur weh.

– Morgen hast du wieder Rücken.

– Autsch, aua. Deine Hand! Das sah schlimm aus, soll ich pusten kommen?

– Die Moni kennt da diesen Giropraktiker, den Jean-Jaque-Yoghurt, soll ich die Moni mal anrufen?

Nicht selten wird ein heftiger umräumeritischer Anfall durch unvermutetes Drapieren eines einfachen Trockenblumenstraußes spontan beendet.

✖ Umzugsparasitismus

Umzugsparasitismus ist die missbräuchliche Inaussichtstellung einer Kiste Bier als Gegenleistung für die Hilfe beim Transport zahlreicher schwerer und noch nicht verpackter Gegenstände im Umzugsfall. Handelt es sich bei den Helfern um Freunde im allgemeinen Sinne, kann nicht von einem Parasitismus gesprochen werden.

Der Umzugsparasitismus ist eng verwandt mit dem → Nerd-missbrauch.

Verlauf

Abgesehen von der Inaussichtstellung einer Kiste Bier, erfolgt beim Umzugsparasitismus das *Ausnutzen einer offensichtlichen Zuneigung der männlichen Helfer*, deren Erwiderung wider besseren Wissens und ohne ernsthafte Absichten in Aussicht gestellt oder zumindest nicht negiert wird. Oft handelt es sich dabei um Expartner, die ihren Status rückwirkend verändern wollen, um Bekannte, die den Status des Partners erreichen möchten, oder um Männer, die den Status des Partners nur kurzfristig erreichen möchten. Dabei nutzt die Umzugsparasitin den Umstand, dass vorhandene körperliche Kraft bewiesen, oder nichtvorhandene Kraft dennoch vorgetäuscht werden kann. Eine Verantwortung gegenüber Bandscheibenvorfällen durch Überlastung und Übereifer übernimmt die Umzugsparasitin dabei nicht. Ist der Umzug endgültig vollzogen, fehlt dem Bier häufig die nötige niedrige Trinktemperatur oder ist nicht in ausreichendem Maße vorhanden. Eine Möglichkeit zur Vertiefung der zwischenmenschlichen Beziehung wird in Abrede gestellt und mit einem »Vielen Dank, du bist echt lieb, wir sehen uns, o.k.? Mein Larsi holt mich nämlich gleich ab«, unmissverständlich verworfen.

✖ Undstarrkrampf

Einen Undstarrkrampf erleiden Frauen, die von ihrem Partner nicht nachvollziehbare Äußerungen, Ausreden oder Rechtfertigungen zu Gehör bekommen – umgangssprachlich auch als »Krampf« bezeichnet. In der Hoffnung, die letzte Behauptung würde ergänzt, erklärt oder revidiert, lassen sie ihren Blick starr auf den Partner gerichtet. Erfolgt keinerlei Reaktion, fordern sie diese durch ein ungehaltenes »... und?!« ein. Auch und vor allem Mütter halbwüchsiger Kinder leiden oft unter starken, sehr häufigen und extrem schmerzhaften Undstarrkrämpfen.

Urlaubsbeschwerden

Sonnenschirm-Sadismus

Unter Sonnenschirm-Sadismus versteht man den Drang, einen mitgebrachten Sonnenschirm am Strand so lange vom mitgebrachten Partner eingraben, ausgraben und an anderer Stelle wieder eingraben zu lassen, bis dieser einen Hitzschlag erleidet, heult oder ins Wasser geht. Hinweise des Gräbers auf den Sonnenstand und den daraus folgenden Schattenwurf werden als technischer Unfug abgetan. Ist der Schirmplatz endlich akzeptabel, wird dieser entweder in den nächsten fünf Minuten von der aufkommenden Flut erreicht oder steht durch den Lauf der Sonne nicht mehr im Schattenbereich.

Menstruationsdemenz

Obwohl eine Frau seit etwa ihrem zwölften Lebensjahr allmonatlich (!) ihre Tage bekommt, hält sie diesen Umstand im Urlaub für unwahrscheinlich oder vergisst ihn. Dies führt dazu, dass der Partner auch in sehr konservativen und fundamentalistisch-religiösen Ländern Tampons oder Binden, die nach genauen Vorstellungen der Partnerin beschaffen sein müssen, besorgt. Laut dem Magazin *Abenteuer Reisen* mussten schon einige deutsche Frauen als Witwe die Heimreise antreten, nachdem die pantomimischen Einkaufsversuche ihrer Partner vom Verkaufspersonal nicht korrekt interpretiert werden konnten. Hier sind besonders Einlagen für Tangas als Auslöser zu erwähnen.

Muschelsucht

Als bisher von der Wissenschaft nicht annähernd erforscht gilt der Zwang, unmittelbar beim Betreten eines Strandes nach Muschelschalen Ausschau zu halten. Diese werden im Erfolgsfall aufgehoben, stolz herumgezeigt und in großvolumigen Gläsern im gemeinsamen Heim aufgebahrt. Größere Muschelschalen werden belauscht. Das völlig haltlose Gerücht, bei den Geräuschen handele es sich um Meeresrauschen, wird gegen besseres Wissen aufrechterhalten und verbreitet. Wendet ein männlicher Begleiter ein, bei dem Rauschen handele es sich um den eigenen Blutfluss im Ohr, wird dieser als unromantischer Besserwisser abgekanzelt. Ein Hinweis auf die Gepäckbeschränkungen durch den zusätzlichen Schalenballast wird ignoriert.[37]

Bücherwahnsinn

Das Mitnehmen von Lektüre zum Urlaubsziel gilt als nicht auffällig oder sogar gesund. Nicht als gesund gilt allerdings der weibliche Bücherwahnsinn. Dieser ist dann festzustellen, wenn die Betroffene mehrere Folianten intellektuellen Inhalts durch die Welt transportiert, um sich dann an einem Kiosk einen Krimi zu kaufen und die mitgebrachten Bücher unangetastet

---

37 Da Sand aus kleinsten Muschelteilen besteht, wird dieser durch die weibliche Muschelsammlerei immer knapper und muss an vielen beliebten Stränden mit einem hohen Aufwand jährlich wieder aufgeschüttet werden.

wieder mit nach Hause zu nehmen. Vereinzelt kann der Bücherwahnsinn auch alleinstehende Männer befallen. Im Unterschied
zu den Frauen denken diese allerdings von Beginn an nicht im
Geringsten daran die Bücher zu lesen, sondern diese sollen ihnen lediglich einen intellektuellen Anstrich bei möglichen Ur-
laubsbekanntschaften verleihen.

Grußkartenirrsinn
Obwohl die Urlaubszeit gemeinhin als sehr wertvoll und knapp
angesehen wird, verbringen viele Frauen einen Großteil davon
mit dem Aussuchen besonders geschmackvoller (oder auch
besonders alberner) Postkartenmotive. Die restliche Zeit des
Urlaubs wird damit zugebracht,
a) darüber zu streiten, wer die Karten wie beschreiben muss
oder
b) mit dem Ausleben einer Mitbringselei.

Flugzeughämatome
Viele Männer verlassen ein Flugzeug mit schweren Quetschun-
gen der Hand, da auch Frauen, die nicht explizit unter Flugangst
leiden, während der Start- und Landephasen ungeheure Kräfte
in der Hand aufbringen können. Einem Copiloten der Ryanair,
Thomas M., soll laut des Magazins der Pilotenvereinigung *Cock-
bitt* beim Landeanflug auf Memmingen der Mittelhandknochen
und das Kahnbein mehrfach gebrochen worden sein, als sein
weiblicher Kapitän reflexartig seine Hand ergriff.

Bodegismus
Der Bodegismus ist die logische Fortsetzung der → Speisekarten-Negierung im Ausland. Erste Symptome des Bodegismus zei-

gen sich durch die Befragung des Partners, was dieses oder jenes Gericht wohl sei. Das Verhör erfolgt völlig unabhängig davon, ob der Partner der Sprache mächtig ist, in der die Speisekarte verfasst wurde. Weitere Symptome folgen zwangsläufig, indem die unbekannte Menü- und Speisefolge vom Partner beim zuständigen Kellner hinterfragt und im Zweifelsfall geändert werden soll. Häufig findet eine Verbrüderung zwischen Mann und Kellner statt, die sich durch Augenrollen, Schulterklopfen oder Beschwichtigungsversuche gegenüber der Frau äußert.

Sari-Infektion

Während Männer im Urlaub oft unter Sandalismus und Sockenschock leiden, ist die weibliche Form einer plötzlichen Konfektionskrankheit die Sari-Infektion. Frauen, die sich zuhause mit großem Geschmack und Gespür für Formen und Farben kleiden, stecken plötzlich in Folklorelappen und Trachtengewändern, in denen die wenigsten einheimischen Frauen vorteilhaft aussehen. Mit der Sari-Infektion verändert sich auch das allgemeine Verhalten der Betroffenen: Weniger rhythmisch Begabte vermuten unerkannte tänzerische Talente und nehmen an folkloristischen Aufführungen teil, bei denen sie sich sogar filmen und fotografieren lassen. Diese Aufnahmen können und werden bei diagnostizierenden Dia-Abenden gegen sie verwendet.

Mitbringselei

Die Mitbringselei gehört zu den Kauf- und Besorgungszwängen. Für eine betroffene Frau wird der Urlaub erst dann als vollwertig und erfüllend empfunden, wenn sich sämtliche Souvenirverkäufer eines Touristenortes nach Feierabend auf die Schenkel klatschen, vor Glück hüpfen und ihren Laden für einen Monat schließen. Ziel der betroffenen Frauen ist vermutlich, möglichst oft den Satz: »Das hab ich gesehen und sofort an dich denken müssen!«, in ihrem Heimatland anzubringen.[38]

✖ Vamphilie

Unter Vamphilie ist die unerklärliche und weibliche Affinität zu Vampiren zu verstehen. Nahezu jede Frau hat einen bevorzugten Vampirtyp, anhand dessen sich detaillierte Rückschlüsse auf ihre Person ziehen lassen.
Hier eine grobe Auflistung der Vampire und welchen Typus Mann sie darstellen. Eine kleine Hilfe für betroffene Frauen:

Vampir	Beschreibung
Nosferatu (Max Schreck)	Leptosomer Typus, oft mit osteuropäischem Migrationshintergrund. Tiefgründig, kompliziert und intellektuell. Legt viel Wert auf interessante Gespräche, aber leider weniger auf sein Äußeres (Maniküre). Liebt leise Auftritte und bleibt gerne im Hintergrund. Beißt eher lustlos.
Nosferatu (Klaus Kinski)	Selbst unter den Fürsten der Finsternis eindeutig ein Bad Guy. Egomanisch, kann nicht zuhören, geht wenig auf seine Opfer ein. Muss Frau mögen oder hassen. Beißt rücksichtslos und ist nur auf den eigenen Vorteil aus.

---

38 98,9 Prozent aller Mitbringsel werden von den Beschenkten umverpackt, an Tanten verschenkt oder an Weihnachten wegverwichtelt.

Vampir	Beschreibung
Dracula (Bela Lugosi, Christopher Lee)	Stürmischer, aber im Grunde seines Herzens unsicherer Typ. Nichts für Frauen mit schwachem Selbstbewusstsein. Neigt zu Weinerlichkeit und muss mehr aufgebaut werden, als er selbst aufbaut. Gilt als Angstbeißer. Dennoch ein relativ seriöser, solventer Typ mit guten Manieren. Eher konservativ, kein guter Tänzer.
Dracula (Gary Oldman)	Interessanter, undurchschaubarer Eigenbrödler mit guten Manieren. Hat kaum oder wenig Freunde, dafür umso mehr Freundinnen und Affären. Entschuldigt dies mit einer unglücklichen Liebe. Schwierig für eine feste Bindung. Modebewusst und in dieser Hinsicht durchaus ein guter Berater. Hat allerdings »mehrere Gesichter« und kann cholerisch reagieren. Ab dem zweiten Date ist Vorsicht geboten. Beißt, je nach Laune, sehr sinnlich oder sehr rücksichtslos.
Vampir (Tom Cruise)	Gutaussehender Vampir mit scheinbar hohen social skills. Eigentlich aber ein einsamer Typ, dem sehr viel Aufmerksamkeit geschenkt werden muss. Liebt Action und ist auf ein modernes Leben eingestellt, im Widerspruch dazu allerdings ein konservativer Macho. Beißt stehend oft versehentlich in die Schulter oder sogar noch darunter.
Vampir (Robert Pattinson)	Gähn, schnarch. Bleibt blutleer, kriegt den Mund nicht auf – außer zum Reden. Eher wird Frau von einer untoten Nacktschnecke gebissen. Empfehlenswert für Frauen unter 14 Jahren – absolut jugendfrei.

✖ Vasenwahn

Als Vasenwahn wird das Horten, Sammeln und Verteidigen von sinnlos vielen nutzlosen Vasen bezeichnet. Den ersten wissenschaftlich bekannten Vorfall von Vasenwahn dokumentieren Unterlagen aus dem 13. Jahrhundert der Großfamilie Ming. Frau Mings Vasensammlung gilt bis heute als die größte je existierende, auch wenn heute nur noch wenige sehr seltene Exemplare auffindbar sind.

Mit dem Vasenwahn geht selten oder nie ein Blumenwahn einher. Die Paartherapeutin Dr. Mechthild Schonwein erklärt Männern den Vasenwahn wie folgt: »Nehmen Sie einfach mal die Ralleystreifen, Ihre Bose-Anlage und die Alufelgen Ihres Autos. Auch ohne diese kämen Sie von A nach B, oder?«

✖ Viel-Spaß-Syndrom

Das Viel-Spaß-Syndrom ist eine artifizielle Kommunikationsstörung, bei der eine Betroffene ihrem Partner zu einer Unternehmung wörtlich »Viel Spaß« wünscht, aber »Wehe Du amüsierst Dich ohne mich!«, meint. Unter dem Viel-Spaß-Syndrom wird eine Vielzahl ähnlicher Störungen zusammengefasst, deren Mechanismus mehr oder weniger gleichartig funktioniert.

Aussage	Wahre Aussage
Wie war's?	Hat dir eine andere gefallen?
War's schön?	Du kommst keine Sekunde zu früh nach Hause.

Aussage	Wahre Aussage
Na, hattest du Spaß?	Wie viel hast du getrunken?
Wer war denn alles dabei?	Welche Frauen waren dabei?
Hast du dich ein bisschen amüsiert?	Gib es zu, egal was.
Erzähl doch mal ein bisschen was.	Ich kann auch anders.
Klingt nach einem lustigen Abend?	Mach dich auf Ärger gefasst!
Schade, da wäre ich gerne dabei gewesen.	Ich hab ein Auge auf dich, mein Freund!
Trinken wir noch einen Absacker?	So einfach kommst du mir nicht davon!
Nächstes Mal gehe ich mit.	Nächstes Mal bleibst du daheim.
Wie schön.	Es gibt kein nächstes Mal.

✖ Vorgetäuschte Bisexualität

Um die Ausmaße der vorgetäuschten Bisexualität zu verstehen, hilft es, sich eine gleichartige Verhaltensweise bei einem Mann vor Augen zu führen. Ein rein fiktives Beispiel:

Zwei Herren sitzen in einer Bar und unterhalten sich. Eine hübsche Frau betritt den Raum. Einer der beiden Männer findet an dieser großen Gefallen. Um ihre Aufmerksamkeit zu erregen, setzt er sich auf den Schoß seines Begleiters und küsst diesen heftig. Ergebnis:

1. Er hat ihre Aufmerksamkeit geweckt.

2. Sie denkt sich, »schade, schwul«.

3. Sie lässt sich von einem anderen abschleppen.

Frauen, die unter vorgetäuschter Bisexualität leiden, sind jedoch der Überzeugung mit der gleichen Verhaltensweise:

1. Die Aufmerksamkeit des Mannes zu wecken.

2. Dieser denkt, »super, lesbisch« ...

3. ... und findet das rattenscharf.

Eine repräsentative Umfrage des Partnerschaftportals *Fix und Foxi* hat ergeben, dass 95 % aller Männer nicht bereit sind, sich zwischen zwei Frauen zu drängen, die im öffentlichen Raum offensichtlich gerade sexuell aktiv sind. Auch nicht um diese zu fragen, ob sie nun homo-, bi- oder heterosexuell seien und wie insofern die Chancen stünden, sie auf einen Drink einladen zu dürfen. Eine weitere Umfrage hat ergeben, dass Männer es durchaus interessant finden, wenn die sexuelle Interaktion auf einen Dreier hinausliefe. Eine dritte Umfrage zeigt allerdings, dass Männer, die bei der ersten Bekanntschaft mit einer Frau bereits auf einen Dreier aus sind, sich über wenig Beliebtheit als zukünftiger Partner erfreuen dürfen.

Eine vierte Umfrage stellt fest, dass vorgetäuschte Bisexualität als Vorspiegelung falscher Tatsachen weniger als Krankheit, sondern vielmehr als Straftatbestand angesehen wird.

Eine fünfte und letzte Umfrage hat ergeben, dass ein relativ hoher Anteil aller befragten Männer das ganz schön fies findet.

✖ Vorgetäuschter Sarkasmus

Der deutsche Journalist und Wissenschaftler Stefan Sichermann gilt als Entdecker des weiblichen vorgetäuschten Sarkasmus.

Eine von seinem Blatt[39] veröffentliche Studie des Meinungsforschungsinstitutes *Opinion Control* deckte auf, dass der Großteil der Frauen kaum oder selten zum Sarkasmus kommt. »Bis zu 95 Prozent aller Frauen in festen Beziehungen spielten ihren Partnern den Sarkasmus nur vor.«

Neueste Forschungen haben ergeben, dass die Unfähigkeit zum Sarkasmus bei Frauen geschlechtsabhängig ist. Echter Hohn, tatsächliche Ironie und beißender Spott ist im gleichgeschlechtlichen Umgang nicht gespielt. Frauen erleben dabei sehr intensive oder sogar multiple Sarkasmen.

✖ Wachtrauma

Ein Wachtrauma kann entstehen, wenn eine Frau kurz vor dem Zubettgehen Streit mit ihrem Partner hatte. Das anschließende Wachtrauma hält sie – daher der Name – wach: Sie verwehrt sich im Bett das Einschlafen, in der Annahme, ihr Freund würde sie noch einmal auf den Streit ansprechen oder sich entschuldigen, nur um sich in diesem Fall schlafend stellen zu können. Obwohl wiederholte Wachtraumata nicht selten sind, ist dieser Fall nicht ein einziges Mal eingetreten.

✖ Wadug

Bei der Wadug-Krankheit handelt es sich um eine rein rhetorische Störung. Der Name der Krankheit geht aus der Abkürzung der Frage »*Warst du gerade* ...?« hervor. Wadug tritt aus-

---

39 http://www.der-postillon.com/2011/05/groteil-der-frauen-tauscht-regelmaig.html

schließlich bei Frauen auf, die in einer Zweierbeziehung leben. Das logische Denkvermögen der Frau ist davon nicht betroffen. Wadug leitet dabei immer einen versteckten Vorwurf zuzüglich einer nachfolgenden Kritik ein.

Beispiele für Wadug sind:
Warst du gerade ...

– ... an meiner Pralinenschachtel?

– ... am Kühlschrank?

– ... auf dem Klo?

Prävention / Therapie
Als wenig hilfreich hat sich erwiesen, der Frage der Wadug-Erkrankten mit einem »Nein« zu begegnen. Sie beginnt daraufhin einen peniblen Ermittlungsprozess, an dessen Ende die Überführung des Partners als Lügner und Halunke steht. Wesentlich ratsamer ist es, auf die Erwartungshaltung der Frau einzugehen und ihr mit einem »Warum?« zu signalisieren, dass man bereit ist, die bevorstehende mündliche Unterlassungsklage anzufechten.

✖ Waffenmissbrauch

Bei der überwiegenden Mehrheit aller Frauen ist ein chronischer Waffenmissbrauch zu attestieren. Zwar handelt es sich in keinem Fall um genehmigungspflichtige Waffen, allerdings machen betroffene Frauen hemmungslos und ohne Anzeichen von Reue davon Gebrauch.

Art und Anwendung der Waffen sind von Frau zu Frau äußerst unterschiedlich. Dies können schwere Geschütze, wie ein tief ausgeschnittenes Dekolleté, Push-ups, Miniröcke oder auch ein relativ einfacher, unschuldiger Blick (siehe hierzu auch → Bambiauge) sowie eine leichte, vorgetäuschte Hilflosigkeit sein.

Prävention / Therapie

Gegen die Waffen einer Frau sind bisher weder Präventivmaßnahmen noch Medikationen für den akuten Fall bekannt. Die betroffenen Frauen selbst leiden nicht im Geringsten. Männer sind dem Waffenmissbrauch hingegen beinahe wehrlos ausgesetzt. Findet ein Waffenmissbrauch statt, können Männer zwar durch eiskaltes Duschen eine bis zu fünfzehn Minuten andauernde Immunität erlangen. Jedoch ist diese Rettungsmaßnahme in den wenigsten Fällen praktikabel, da Diskotheken, Bars und andere Örtlichkeiten, in denen der Waffenmissbrauch alltäglich ist, vollkommen unzureichend mit kalten Duschen ausgestattet sind. Zu militärischen Zwecken wurden die Waffen einer Frau bislang kaum oder nur geheimdienstlich eingesetzt.

✖ Warndrang

Mit dem Beginn einer Beziehung eskaliert bei rund 100 Prozent aller Frauen ein latenter Warndrang.

Typische Symptome des Warndrangs:

Sobald sich der Partner oder ein enger Verwandter einer Frau von dieser verabschiedet, ist sie psychisch nicht in der Lage, eine Warnung zu unterdrücken. In den meisten aller Fälle wird der

Satz »Fahr vorsichtig!« geäußert. Dabei gehen die Erkrankten davon aus, dass ein Unterdrücken der Warnung zu einer unumgänglichen Verunfallung des Gewarnten führt. Diese Annahme hat sich als falsch erwiesen.

Tatsächlich wurden, laut einer von der WHO (Warn- und Hast-Du-einen-Schal-dabei Organisation) durchgeführten Studie, 80 Prozent aller verunfallten Männern von ihrer Frau/Freundin/Mutter/Oma bei der Verabschiedung aufgefordert, vorsichtig zu fahren. Nur ein einziger 23-jähriger Bäckergeselle konnte sich daran erinnern, dass bei seiner Mutter am Tag seiner Verunfallung tatsächlich der Warndrang aussetzte. Eine juristische Unterlassungsklage gegen seine Mutter behielt der junge Mann sich daraufhin vor.

Prävention / Therapie

Söhne, Männer und andere unter dem Warndrang leidende Personen unternehmen immer wieder Versuche, die schmerzlichen Auswirkungen der Krankheit zu lindern, indem sie den Warnungen ein »Ja-jaaaaa« oder »Hm, hm« entgegensetzen, was die Erkrankte als rein rhetorisches Konstrukt empfindet und wenig beruhigt. Gegen Warndrang ist ein Kraut erfunden worden, dessen Konsum und Verkauf allerdings mittlerweile das Betäubungsmittelgesetz unter Strafe stellt.

✖ Weibliche Inselbegabung

Als weibliche Inselbegabung versteht man die Fähigkeit von Frauen, sich die Geburtstage jedes einzelnen Familienmitgliedes, inklusive derer Schwiegereltern und Schwager zu merken sowie sämtliche Daten einer Partnerschaft abrufen zu können. Wie zum Beispiel das erste Date, den ersten Kuss, Verlobungstag, Hochzeitstag, Farbe der Socken des Mannes beim ersten Geschlechtsverkehr – aber nicht zu wissen, wann oder ob die deutsche Fußball-Nationalmannschaft Weltmeister wurde[40]!

✖ Welpenphilie

Die meisten Frauen und Männer erfreuen sich am Anblick eines jungen Tieres. Beschützerinstinkte werden durch das allgemein bekannte *Kindchenschema* geweckt. Bei an Welpenphilie erkrankten Frauen geht dieser Instinkt allerdings weit über ein normales Maß hinaus. Es lässt sich eine damit einhergehende gravierende Persönlichkeitsveränderung feststellen. Folgende Symptome sind typisch:

– Verlust der normalen Sprechstimme. Die Tonlage steigt um 3 bis 5 Oktaven.

– Die Umwelt wird bis zum völligen Autismus ausgeblendet.

– Einfache Worte und Sätze werden nicht mehr in normaler Länge ausgesprochen, die Vokale werden gezogen. Aus »niedlich« wird *»niiiiieeeedlich«*, aus »süß« wird *»süüüüüüüüß«* und aus »den will ich«, *»den wiiill ich«.*

– Unangebrachte Besitzansprüche stellen sich ein. Das Anfassen des Welpen durch Umstehende wird verwehrt oder nur unter größtem Widerwillen geduldet.

– An sich harmlose und naive Witze des männlichen Partners über die angezeigten Verhaltensauffälligkeiten werden nicht reflektiert, sondern mit dem bösen Blick bestraft.

---

40 Für Österreich und Schweiz: ... Oder ob eine Fußballnationalmannschaft existiert.

✖ Winkillusion

In vielen Haushalten führt die Winkillusion zu großen, emotional tiefgreifenden Enttäuschungen bei Männern, wenn sie ihrer erkrankten Frau sehr freundlich zurückwinken. Denn diese reagieren, gegen die Erwartung des Mannes, gereizt oder sogar mit genervtem Augenrollen. Der Auslöser: Die an Winkillusion erkrankten Frauen versäumen stets, ihren Mann darauf hinzuweisen, dass sie sich nur den Nagellack trockenwinken.

✖ Wurfbehinderung

Als Wurfbehinderung bezeichnet man die Unfähigkeit, einen Ball so zu werfen, dass er sich deutlich vom Ausgangspunkt entfernt. Grundsätzlich ist bei Frauen von einer allgemeinen Wurfbehinderung auszugehen. Ausnahmen sind sportlich aktive Frauen, zum Beispiel Handballerinnen. Diese beweisen zweifelsfrei, dass die Anatomie der Frau grundsätzlich dazu geeignet ist, einen Ball angemessen zu beschleunigen.

Trotzdem hat die WHO (Wurf und Health Organisation) die latente Wurfunfähigkeit von Frauen und Mädchen als Behinderung anerkannt, welche allerdings nicht im Sinne des Behindertenschutzgesetzes zu steuerlichen Sonderabzügen oder zur Benutzung von Behindertenparkplätzen berechtigt.

Bei der Wurfbehinderung ist von einer Behinderung epidemischen Ausmaßes auszugehen: Von hundert Frauen oder Mädchen können durchschnittlich nur etwa drei einen Ball werfen – im Sinne von Werfen. Ein Ball gilt als geworfen, wenn er mit Hilfe einer gezielten Wurfbewegung mehr als einen Meter durch die Luft befördert wurde. Bei wurfbehinderten Werferinnen fallen Bälle auf den Kopf oder die Füße der Werferin, fliegen in eine beliebige Richtung oder sogar entgegen der vorgesehenen Wurfrichtung (nach hinten).

Diskriminierung wurfbehinderter Mädchen

Die Diskriminierung der wurfbehinderten Mädchen erfolgte und erfolgt auch heute noch durch den Staat: Noch in den achtziger Jahren versuchte man beim getrennten Schulsport die allgemeine Wurfbehinderung der Mädchen zu vertuschen. In öffentlichen Schulen brachte man lederne Schlaufen an Bälle an (sog. Schlagbälle), um diese, statt zu werfen, zu schleudern. Schwere Verletzungen von Jungen und Lehrern, die sich in der Nähe der Schlagballfelder aufhielten, waren die Folge – bis die Disziplin letztendlich abgeschafft wurde. Auch heute sehen sich zigtausende junger Mädchen der Lächerlichkeit preisgegeben, weil sie bei schulischen oder außerschulischen Völker- oder Brennballspielen nicht nur werfen, sondern sogar fangen müssen.

Das Wort *Wurfbehinderung* steht in diesem Sinne auch stellvertretend für eine Reihe von Behinderungen, die mit dem Umgang von Bällen einhergehen: nämlich das Unvermögen zu fangen, mit dem Fuß zu schießen oder zu dribbeln.

Gerade im Bereich Fangen geht die Forschung von einer Art spastischen Lähmung aus, die eintritt, sobald ein Ball auf eine Frau zufliegt oder zurollt. Unkoordinierte, ungelenke Abwehrbewegungen, stolpern, herumspasteln, quietschen, kichern und »Nicht-so-fest«-Rufe sind die häufigsten Symptome.

Prävention / Therapie

Eine Heilung ist nicht möglich. Männer und Nichtbetroffene können den behinderten Frauen allenfalls helfen, indem sie *befreiend* statt lauthals lachen.

✖ Wurstwut

Die Wurstwut ist eine Krankheit, die sich erst im Laufe der letzten 10 bis 20 Jahre entwickelt hat. Sie wird auch als Tollwurst, Wurstrage oder Aufschnittaggression bezeichnet. Oft entwickelt sich Wurstwut gleichzeitig mit einer großen, irrationalen Sympathie für Obst, Gemüse und Getreideprodukte.

Die Aversion verhält sich direkt proportional zur Geschmacksintensität eines wurstartigen Lebensmittels. Eher geschmacksneutrale Putenbrust wird insofern als wenig provozierend empfunden, grobe Kalbsleberwurst oder ein würziger Presssack hingegen führen zur Ausschüttung großer Mengen Adrenalins.

Gleichzeitig weckt speziell geschmackarmes Gemüse größte Sympathien bei den Erkrankten. So gilt der Verzehr einer Aubergine als sehr inspirierend, während wohlschmeckende vegetarische Gerichte wie Pommes rot-weiß, Bratkartoffeln oder Bohnen bei von Wurstwut betroffenen Frauen bereits Gereiztheit oder sogar Aggressionen hervorrufen können.

Krankheitsverlauf

Bei folgenden Sätzen ist erhöhte Vorsicht geboten. Ein Ausbruch der Wurstwut steht kurz bevor oder ist eventuell bereits erfolgt. Dabei sind verschiedene Trigger und Schlüsselworte symptomatisch:

»Wenn es schon **Wurst** sein muss, dann wenigstens **Bio**.«

»Vielleicht, dass wir **nur** noch **einmal** die Woche **Fleisch** essen.«

»Hmm, **Ratatouille** könnte ich **jeden Tag** essen!«

»Wollen wir ein paar **Zucchini**scheiben **grillen**[41]?«

»Magst du dir nicht lieber das **Risotto** bestellen, das klingt doch auch **spannend**.«

Nicht selten verläuft Wurstwut in Schüben. So kann in der einen Woche Wurst als akzeptables Lebensmittel gelten und in der nächsten Woche bereits so abwegig sein, als wolle man Igelbabys in Brotteig verspeisen.

Ansteckungsgefahr

Die Übertragung der Krankheit auf männliche Personen ist grundsätzlich auszuschließen. In den meisten Fällen stellen Männer ihre Ernährung jedoch unfreiwillig aus Angst vor wurstausgelösten Wutanfällen um. Verschiedene Selbsthilfegruppen wie »Mein Cholesterin gehört mir«, »Ich wollte Soßen« oder der »Weiße Stadtwurst-Ring« bieten ihre Hilfe an.

X-mas-Malesse I

Die X-mas-Malesse vom Typus I ist eine sehr ernsthafte, als unheilbar geltende Krankheit. Vor allem das Umfeld der Betroffenen leidet dabei unter den Konsequenzen – von Konzentrationsschwierigkeiten, Ruhelosigkeit, Aggressionen, Zerstörungswut bis hin zu Mord- und Selbstmordgelüsten. Die Betroffenen selbst fühlen sich hingegen gesund und können keinerlei Beschwer-

---

41 Bei diesem Beispiel ist die Krankheit bereits in einem fortgeschrittenen Stadium, und der besonders absurde Vorschlag zum Grillen von Auberginen ist nahezu unausweichlich.

den feststellen. Die X-mas-Malesse I ist eine saisonale Dysfunktion und tritt nur in den Wintermonaten auf. Vor allem aber um Weihnachten, was der grausamen Krankheit ihren Namen verleiht. Ist eine Frau betroffen, lassen sich die Symptome nicht nur sehr einfach feststellen, sondern auch kaum mehr abstellen.

Prävention / Therapie
Als einziges Gegenmittel haben sich qualitativ hochwertige Ohrstöpsel oder das Abschaffen sämtlicher Abspielgeräte für Musik herausgestellt, damit es der Frau unmöglich wird, laut mitzusingen bei »Last Christmas« von *Wham!*.

✖ X-mas-Malesse II

Die X-mas-Malesse II ist ebenfalls ein Krankheitstypus der Gruppe *Saisonale Dysfunktionen*. Die X-mas-Malesse II kann als Sammelbegriff für verschiedene abnorme Verhaltensweisen verstanden werden, die besonders vor und an Weihnachten selbst, aber auch kurz danach auftreten. Dazu gehören:

– Backwahn (auch Butterzeugzwang)

Anfertigung von Zuckergebäck in Mengen, die sämtliche Familienmitglieder und Arbeitskollegen in die Diabetes treiben.

– Harmonieleere
Ständiges Nachjustieren des Haussegens bis hin zu extremer Disharmonie.

– Päckchenpanik
Im Gegensatz zu nicht oder nur schwach erkrankten Frauen sowie allen Männern werden viele Frauen bereits Ende Oktober von der Päckchen-

panik ergriffen, was tägliche Brainstorms mit dem Partner zur Folge hat, in deren Zentrum die Frage steht, was man der Mimi-Oma schenken kann, der man eigentlich schon alles irgendwann mal geschenkt hat. Wünsche nach einer baldigen Alzheimererkrankung sind ebenso unschön wie häufig.

– Lametta-Arm

Gerade für sportlich Untrainierte führen stundenlange Dekorationen, De-Dekorationen und Re-Dekorationen zu ungewohnten körperlichen Belastungen des Bewegungsapparates. Viele Männer müssen mit einem Lametta-Arm oder Rentier-Lichterketten-Rücken ambulant oder sogar stationär behandelt werden.

– Weihnachtsbaumkonflikt

Diese ständige penetrante Aufforderung, schon frühzeitig einen schönen, aber günstigen Weihnachtsbaum zu besorgen, kann Männer empfindlich in ihrer wichtigen vorweihnachtlichen Ruhephase stören oder immer wieder jäh aus der Zeit der Besinnlichkeit reißen.

– Realitätsfremde Vorsatzstörungen

Solche Störungen können sich wie folgt äußern:

»Nächstes Jahr mach ich das nicht mehr mit! Da fahren wir weg, ganz weit weg. Nur wir zwei.«

»Alles nur Kommerz! Von mir aus könnte Weihnachten für immer ausfallen.«

»Ich schwör Dir, nächstes Weihnachten findet bei meiner Schwester statt. Ich reiße mir jedes Jahr ein Bein aus und die wird in den Himmel gelobt, nur weil sie einfach *da ist*.«

»So. Ab jetzt ist Diät angesagt. Ich kann keine Braten mehr sehen und eine Alkoholpause täte uns auch gut, oder?«

»Wenn ich noch einmal *Last Christmas* im Radio höre, muss ich brechen.«

✖ Yogawahn

Sobald eine Frau der Überzeugung ist, dass das faule Herum-
liegen auf einer Gummimatte, verbunden mit tiefem Ein- und
Ausatmen, Sport sei, so leidet sie unter Yogawahn. Die Krankheit ist unter Frauen sehr ansteckend und breitet sich daher im
Freundeskreis einer Erkrankten schnell aus.

Gefährlichkeit

Im Allgemeinen ist Yogawahn nicht gefährlich. Es sind jedoch
Fälle bekannt, bei denen sich Frauen nicht mehr aus eigener
Kraft aus dem Lotussitz befreien konnten. Ein Entknoten der
Betroffenen sollte erst erfolgen, wenn man dies ausreichend
fotografisch festgehalten und über ein Lösegeld verhandelt
hat.

✖ Yogurette-Syndrom

Das Yogurette-Syndrom äußert sich durch unkontrolliertes Be-
schimpfen des Partners, weil zu wenig Süßigkeiten im Haus sind.
Obwohl das Aggressionsniveau der verbalen Attacken dabei
hoch ist, ist beim Yogurette-Syndrom nicht mit einem Ausbrechen tätlicher Gewalt zu rechnen.

Prävention / Therapie

Das Yogurette-Syndrom wird medikamentös behandelt. Klassische Mittel mit guter Wirkung sind Mars, Snickers und Ferrero
Küsschen. Damit die Therapie so schnell wie möglich anschlägt,
ist es wichtig, sich genau an die Dosierungsvorschriften zu hal-

ten. Empfehlenswert ist die Einnahme der Schokoriegel dreimal täglich zwischen den normalen Mahlzeiten.

Ebenfalls recht Erfolg versprechend ist die Therapie mit homöopathischen Medikamenten wie Schokorosinen.

Yourself-do-it-Krankheit

Bei der Yourself-do-it-Krankheit verkehrt die Erkrankte ihren Partner vom leidenschaftlichen Hobby-Bastler in einen Pseudo-Allround-Handwerker.

Ausbruch

Bereits in der Frühphase einer Beziehung erledigt der Partner kleinere handwerkliche Aufgaben im häuslichen Bereich. Diese bleiben meist in einem Rahmen, der für alle Beteiligten ungefährlich ist und dem sich der Hobby-Handwerker fachlich gewachsen zeigt. Solche Aufgaben sind:

– Die Reinigung eines verstopften Abwasserrohres.

– Das Austauschen verschiedener Leuchtmittel.

– Das Streichen einer Wand.

– Das Ölen quietschender Türen.

Hier erfährt der Heimwerker Bestätigung und ein meist übertriebenes Lob. Damit ist der Keim der Yourself-do-it-Krankheit gesät und ein Ausbruch unaufhaltsam.

Verlauf

Der Mann der Betroffenen wird im nächsten Schritt zu einer Erweiterung seiner handwerklichen Tätigkeiten angestachelt, die sein Wissen und seine Fähigkeiten weit überfordern: »Du bist doch so ein toller Handwerker. Kannst Du eigentlich auch mauern?«

Hier nimmt ein Teufelskreis seinen Anfang, aus dem es kein Entrinnen gibt. Aus Angst, ihre Partnerin zu enttäuschen, nehmen die Laien in der Folge handwerkliche Aufgaben an, deren Lösungen sie zunächst googeln müssen. Wissen, Routine und vor allem adäquate Werkzeuge fehlen an allen Ecken und Enden. Vor allem für Letzteres, das fehlende Werkzeug, lässt die Erkrankte jegliches Verständnis vermissen. Im Gegenteil – sie erhöht sogar oft noch den Druck: »Du, ich kann auch schnell den Larsi[42] anrufen, der kann so was bestimmt.«

In derartiger Not greifen die Betroffenen oft zur schnellen Lösung der ihnen übertragenen Aufgabe. Diese führt nur in den seltensten Fällen zu den erwünschten Ergebnissen.

Zugeständnisse, wie zum Beispiel die Erlaubnis zum Kauf von Maschinen in der minderen Qualität *Heimwerker-Edition,* leiten dann die letzte Phase der Krankheit ein.

In dieser Endphase wird aus dem gängigen Do-it-yourself der aggressive Imperativ: Yourself-do-it! Die Unfallstationen, Krankenhäuser und Rehabilitationszentren berichten von schier unglaublichen Fällen. So soll ein junger Nürnberger gezwungen worden sein, einen komplizierten 8er-Dübel mit einer No-Name-Bohrmaschine zu setzen. Eine angemessene und geeignete Hilti TE-27 wurde dem Mann verweigert. Die Fleischwunde verheilte ungleich schneller als die seelischen Verletzungen

---

42 Dieses Arschloch!

des Mannes. In Berlin wurde ein 56-Jähriger von einer Your-self-do-it-Kranken gezwungen, die 25 Dachbalken des neuen Hauses mit einer Laubsäge auf Maß zu schneiden. Vollkommen erschöpft fiel der Mann nach dem achten Balken ins Koma. Besonders dramatisch verlief die Yourself-do-it-Krankheit bei einem 37-jährigen Münchner, der ursprünglich von seiner Frau nur gerufen wurde, um einen Spiegel im Badezimmer anzubringen. Vier Monate später konnte man ihn im letzten Moment aus seinem Gefängnis hinter der neuen Whirlpoolverkleidung befreien.

✖ Zoodivergenz

Eine Zoodivergenz tritt auf, wenn eine Frau in Begleitung eines Mannes einen Tierpark besucht. In den meisten Fällen bleibt diese unentdeckt. In allen anderen Fällen sorgt die Zoodivergenz für Verstimmungen und Streit. Sie kann bis zur Verhinderung einer Beziehung oder sogar deren Beendigung führen.

Krankheitsverlauf

Steht ein Pärchen vor einem Gehege mit Flucht- oder Beutetieren, macht sich die Frau Gedanken darüber, wie man die Wildtiere am besten domestizieren, anfassen, streicheln oder freilassen könnte. Oder wie sie ein Jungtier artgerecht in ihrer Wohnung halten könne. Im gleichen Moment stellt sich der Mann die Frage, wie Steak, Rippchen, Schinken oder Wurst von dieser Tiergattung schmecken würden. Stellt der Mann diese Frage laut, kommt die Zoodivergenz direkt zum Ausbruch und der Mann wird als Unmensch bezeichnet – unabhängig davon, ob die Frau selbst Vegetarierin ist oder nicht. Gibt sie jedoch zu bedenken, man müsse das Fleisch sicher erst ein wenig marinieren, um den Wildgeschmack abzumildern, sollte der Mann sicherstellen, dass es sich bei seiner Begleiterin tatsächlich um eine Frau handelt.

✖ Zunahmeintoleranz

Die Beziehungsforscher Dr. Jonathan Quinz, Prof. Ronald Fromm und Dr. James Freyman von der University of Memphis untersuchten im Jahr 2009 »Die Intoleranz von Frauen bei direkten Hinweisen auf Gewichtszunahme«. Die Wissenschaftler forschten zunächst in ihrem eigenen, privaten Umfeld. Aufgrund der Ergebnisse konnten sie folgende These aufstellen: »Frauen haben keinerlei Probleme mit gröbster Kritik an offensichtlichen Gewichtszunahmen oder mit deutlichen Hinweisen auf individuelle Problemzonen. Weitaus weniger Akzeptanz zeigten sie allerdings bei Gegenkritik vonseiten ihres Partners.« Aufgrund der Heftigkeit der erhaltenen Ergebnisse haben die Wissenschaftler sich einem völlig anderen Projekt zugewandt. Sie testen den langfristigen Schlafkomfort auf Feldbetten unter Laborbedingungen.

✖ Zynitis

Zynitis ist eine neurologisch-psychiatrische Erkrankung, die durch beißenden Spott charakterisiert wird. Erkrankte lassen sich, ähnlich einem Tic, zu plötzlich einschießenden mitunter sehr heftigen Aussagen hinreißen. Folgendes Beispiel ist typisch für eine akute Zynitis: »Ganz toll dein Weihnachtsbaum. Prächtig. Ich schmück ihn sofort! Ich hol nur schnell *die* Kugel. Was meinst du, an welchen Ast soll ich das Lametta hängen – an den rechten oder den linken? Hm? Warum besorgst du den Baum nächstes Jahr eigentlich nicht gleich *nach* Weihnachten? Oder möchtest du dieses Prachtexemplar vielleicht aufheben?«

Prävention / Therapie

Gegen Zynitis hilft Gegenzynitis. Wohl dosiert, kann so ein Zynitis-Anfall abgewendet und in Gelächter aufgelöst werden. Weniger wirksam, aber immerhin schmerzlindernd für Co-Erkrankte, hat sich gegen Zynitis die Anschaffung eines dicken Felles gezeigt. Und prächtige, unendlich teure Nordmanntannen.

✖ よ り も 愚 か (lat. tat too)

Rätsel- und sehr schmerzhafte Krankheit, die zum Auftreten asiatischer Schriftzeichen an den Oberarmen von Frauen führt.

Bekannte Ursachen:

– Frauenabend in Verbindung mit zu viel Alkohol.

– Die Liebe seines Lebens finden.

– Ein Kind gebären.

Bekannte Nebenwirkungen:

Ein Leben lang Angst haben, ob auf dem Oberarm wirklich »Mein Schatz Thorsten« und nicht »Langsam einrühren und zehn Minuten köcheln lassen« steht.

Anhang

Schmerzskala Frau / Mann

In der Humanmedizin ist hinlänglich bekannt, dass Männer und Frauen Schmerzen vollkommen anders empfinden und unterschiedlich auf Schmerzen reagieren. Verbindliche Grundlage für die Analyse des Schmerzpotenzials von Frauen- und Männerkrankheiten ist die von der WHO (Welt Hau-mich Organisation) erstellte Schmerzskala. In einer großangelegten Studie der WHO wurden dafür über 200 000 Männer auf Spanking-Bänke gefesselt, an Flaschenzüge gehängt sowie beschimpft und ausgepeitscht. Die an der Studie teilnehmenden Frauen mussten mitansehen, wie die Männer gequält werden oder gar selbst die Peitsche bedienen, sodass sich am Ende valide Schmerzdaten für beide Geschlechter ergaben.

Alle in diesem Buch aufgeführten Schmerzintensitäten beziehen sich auf die Schmerzskala der WHO.

Obwohl sich dieses Buch speziell mit den Frauenkrankheiten beschäftigt, werden in der nachfolgenden Tabelle zum besseren Verständnis auch die Angaben der WHO bezüglich der Schmerzempfindlichkeit von Männern abgebildet.

Schmerz-intensität	Schmerzempfinden der Frau	Schmerzempfinden des Mannes
1	Sehr leichter Schmerz ohne Einfluss auf das Befinden. Tritt auf bei: → Sexytanz-Diskrepanz → Cappucinismus → Entspannungs-Burnout → Mitbringselei → Bikinihilismus	Intensiver Schmerz, der dringend der Aufmerksamkeit einer Frau bedarf. Begleitet von Wimmern. Tritt auf bei: Anstoßen eines Zehs
2	Leichter Schmerz, der zwar deutlich wahrnehmbar ist, die Frau aber nicht weiter beeinträchtigt. Tritt auf bei: → Geldinsuffizienz → Telefonkrampf → Salvia-Attacken	Unglaublicher, noch nie da gewesener Schmerz. Die Konsultation eines Facharztes ist unumgänglich. Begleitet von intensivem Wimmern. Tritt auf bei: Schnittwunde im Finger
3	Lästiger Schmerz. Tritt auf bei: → Gurkenglasschwäche → Feuchtfleckphobie → Flaschenhalskrankheit	Der Zeitpunkt ist eingetreten, in dem es ratsam ist, sein Testament zu machen und von den besten Freunden Abschied zu nehmen. Begleitet von unregelmäßigem Röcheln. Tritt auf bei: Erkältung
4	Unangenehmer Schmerz. Tritt auf bei: → Nöhleritis → Frageritis → Bügelarm → Yogurette-Syndrom	Unerträglicher Schmerz. Verbunden mit dem tiefen Wunsch nach Erlösung. Begleitet von intensivem Stöhnen. Tritt auf bei: Kopfschmerzen

Schmerz-intensität	Schmerzempfinden der Frau	Schmerzempfinden des Mannes
5	Nagender Schmerz. Tritt auf bei: → Fettablagerung → Viel-Spaß-Syndrom → Horoskop-Spasmus → Kritikresistenz	Der Mann ist nicht mehr in der Lage, sich aus eigener Kraft zu bewegen. Ausstoß von sehr lauten Schmerzensschreien. Tritt auf bei: Fußball schauen und die Lieblingsmannschaft verliert
6	Herzschmerz. Tritt auf bei: → Erröteln	Schmerzdelirium. Verbunden mit Ohnmachtsanfällen. Der Mann ist nicht mehr in der Lage, Töne von sich zu geben. Tritt auf bei: nach dem achten Bier.
7	Bisschen die Zähne zusammenbeißen, dann wird das schon. → Botoxitis → Silikon-Busen → Froschlippen	Exitus.
8	Schrecklicher Schmerz. Tritt auf bei: → Sportwagen-Überempfindlichkeit → Tempo-130-Genose → Kumpelallergie → Popel-Phobie	

Schmerz-intensität	Schmerzempfinden der Frau	Schmerzempfinden des Mannes
9	Katastrophaler Schmerz. Tritt auf bei: → Komplimentesucht → Kälte-Koller → Chronischer Haarscha-den	.
10	Nichts, was man mit einem Aspirin nicht in den Griff bekommen könnte. Tritt auf bei: allen anderen Krankheiten.	

Verzeichnis der Krankheiten von A-Z

- Abnormes Klaustropotenzial
- Actimelismus
- ADS – Aufmerksamkeitsdefizit-Störung
- AEGoismus
- Akt der Grausamkeit
- Alsoadele
- Altersschwäche
- Andeutungszwang
- Angeborene Schäche (Kurzform für Schachschwäche)
- Angela Pectoris
- Angelina-Jealousia
- Anmasern
- Argumentanämie
- Arschheimer
- Augenkrebs
- Ausgeh-Abszess
- Ausstatterismus
- Autobahninduzierte Blasenschwäche (AIBS)
- Autoimmunerkrankungen
- Autokauf-Asthenes
- Autoscooter-Missverständnis
- Autositzdisposition
- Autotrophe Lateralsklerose
- Badstupor
- Bambiauge
- Bauweh
- Begrüßungsfirlefanzismus
- Beinrhizom
- Bestell-Defekt
- Beulenpest
- Bikinihilismus
- Biokaufrausch
- Bipolare Schwäche
- Blasen-Schwäche
- Bleistifttestangst
- Blödheit
- Blœdwarten
- Botoxitis
- Bügelarm
- Camilla-Krankheit
- Chronische Hauptspeisen-Division (C.H.D.)
- Cappuccinismus
- Chronische Wadenwegs-erkrankung
- Chronischer Haarschaden
- Deckenkleptomanie
- Deflorationshemmung
- Dekolleté-Dilemma
- Deodorismus
- Depp-aholismus
- Dessousfäule
- Diät-Insuffizienz
- Divisionszwang
- Doppelbelastungbelastung
- Drapierzwang
- Du-fährst-Disorder
- Du-könntest-mal-Manie
- Durchfall
- Echoismus
- Ehe-Wahn
- Eincremeritis
- Einflussnahmeritis
- Eingeschränkte Frankophobie
- Einschnapp-Atmung

- Emotions-Newsletter
- Entspannungs-Burnout
- Erröteln
- Erworbene Feierschwäche
- Esoterikdemenz
- Euronische Störung
- Extreme Gemeinheit
- Exvertebralis
- Felline Posteritis (Kätzchen-
  bilderitis)
- Feminines Fußball-Fieber (FFF)
- Feminismus-Apnoe
- Fettablagerung
- Filmaction-Aversion
- Filzläuse
- Fingerfilter
- Flaschenhalskrankheit
- Flatulenzhemmung
- Flipfloperei
- Fotofinger
- Fotosucht
- Frageritis
- Frageritis cinematicus
- Frageritis maritalis
- Frageritis mobilis
- Frauendomänen
- Frauenromanie
- Frauentauschose
- Frauenzeitschriften-Missver-
  ständnis
- Frechanfälligkeit
- Frisur-Aufmerksamkeitsdefizit-
  störung (FADS)
- Froschlippen
- Fröstelei
- Gängelien
- Gastritis
- Gedankenvoyeurismus

- Geldfieber
- Geldinsuffizienz
- Gemüsezwang
- Gerippe
- Glukosenamen
- Grauer Star
- Gurkenglasschwäche
- GVS (Größte Vorstellbare
  Seuche)
- Haausfall
- Hallo-Helga-Syndrom
- Hallokittysmus
- Handwerksdemenz
- Hemdparasitismus
- Herbes
- Herzklopfen
- Heuleritis
- Heulschnupfen
- Hinter-dem-Kühlschrank-Putz-
  Phänomen
- Hockepack
- Horoskop-Spasmus
- Humorinstabilität
- Hyperprassiose
- Hypokontra
- Hysterie
- Insekteninkonsequenz
- Ja-Nein-Dilemma
- Jane-Syndrom
- Juwelen-Ödem
- Kälte-Koller
- Karriereknick
- Katzenjammer (lateinisch kat
  jes jes)
- Keuschhusten
- Kicher-Störung
- Kindchenstimme
- Kinderlähmung

- Kleidungsdislokation
- Klodeckelei
- Kommunikations-Unschärfe
- Kompliment-Demenz
- Komplimente-Sucht
- Körper-Komplex
- Krankhafte Schmerzresistenz
- Krawattenirrtum
- Kreativismus
- Kritikresistenz
- Kronkorkenapathie
- Kumpelallergie
- Kuscheltierose
- Ladenhemmung
- Larsi-Fieber
- Latenter Besserwisser-Vorwurf
- Legionellen
- Letztes-Wort-Dilemma
- Lichtsucht
- Lidschatten
- Liebesbezeugungszwang
- Life-Crisis
- Light-Sucht
- Make-up-Mimik
- Mimikritik-Syndrom
- Missionars-Krankheit
- Mittagshitze
- Mittelohrentzückung
- Monogamie
- Morbus Kram
- Multitasking
- Nachvorwurf
- Nacktschizophrenie
- Neigungshemmung
- Nerdmissbrauch
- Neurosen
- Nichtsose
- Niemals-Vergesslichkeit
- Nöhleritis
- Notorische Zahlungsunfähigkeit
- Orangenhaut
- Outfiteritis
- Parkihnsohn
- Philosophieles
- Pimmel auf dem Kopf
- Popel-Phobie
- Postkoitaler Kuschelreflex
- Prerelative Namensverweigerung
- Prinzrenovierung
- Pseudo-Fellationismus
- Pupsverleugnungszwang
- Pusteldruck
- Putzmanie
- Rechthabsucht
- Rededurchfall (Logorrhoe)
- Reizgeiz
- Repetierende Ausbruchs-
  versuche
- Reziproke Wahrnehmung
- Romantikwahn
- Salbensucht
- Salvia-Attacken
- Schissma
- Schlauchboot-Paradoxon
- Schmollmund
- Schmollwut
- Schnippismus
- Schreihals
- Schuhtick
- Schulddrüsenüberfunktion
- Schwammtechnik
- Schwindelanfälle
- Sehnerv-Irritation
- Sexytanz-Diskrepanz
- Shopping-Amnesie
- Silikon-Busen

- SMS-Daumen
- Sofalähmung
- Spackensyndrom
- Speisekarten-Negierung
- Spiegelzwang
- Sportwagen-Überempfindlichkeit
- Stilaugen
- Strumpfose
- Telefonkrampf
- Tellulitis
- Tempo-130-Genose
- Temporales Duckface
- Toiletten-Symbiose
- Topzwang
- Trennungsfrisur
- Überbewaffnung einer Frau
- Überhören
- Überraschungsei-Schwäche
- Übersprungshandy
- Umräumeritis
- Umzugsparasitismus
- Undstarrkrampf
- Urlaubsbeschwerden
- Sonnenschirm-Sadismus
- Menstruationsdemenz
- Muschelsucht
- Bücherwahnsinn
- Grußkartenirrsinn
- Flugzeughämatome
- Bodegismus (bodega, äis)
- Sari-Infektion
- Mitbringselei
- Vamphilie
- Vasenwahn
- Viel-Spaß-Syndrom
- Vorgetäuschte Bisexualität
- Vorgetäuschter Sarkasmus
- Wachtrauma

- Wadug
- Waffenmissbrauch
- Warndrang
- Weibliche Inselbegabung
- Welpenphilie
- Winkillusion
- Wurfbehinderung
- Wurstwut
- X-mas-Malesse I
- X-mas-Malesse II
- Yogawahn
- Yogurette-Syndrom
- Yourself-do-it-Krankheit
- Zoodivergenz
- Zunahmeintoleranz
- Zynitis
- よ り も 愚 か (lat. tat too)
- Schmerzskala Frau / Mann